普通選挙と府県会議員
【昭和2年初版】

石橋孫治郎 編輯

地方自治法研究
復刊大系〔第二六八巻〕

普通選挙と府県会議員

〔昭和二年初版〕

日本立法資料全集 別巻
1078

信山社

普通選挙と
府縣會議員

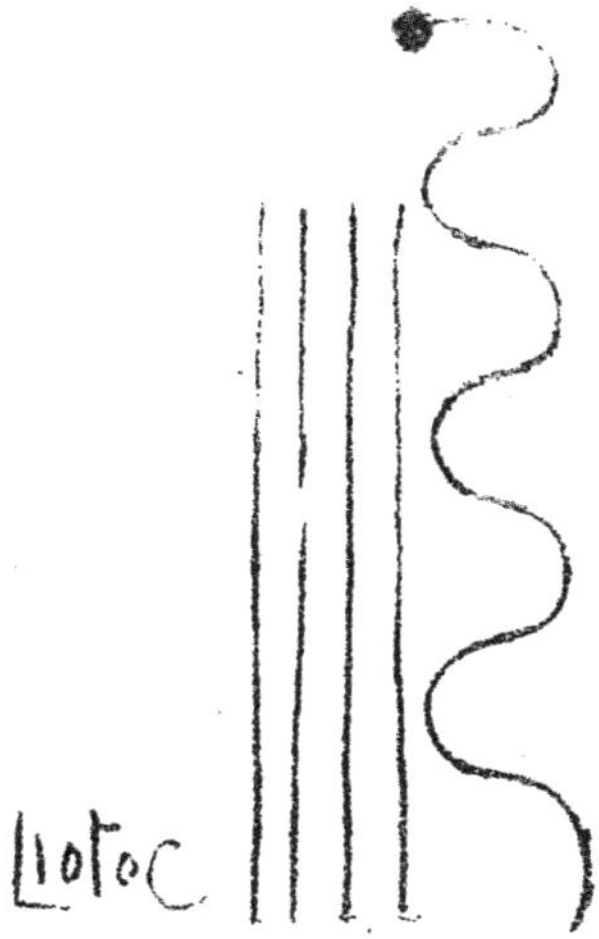

福岡市會議員

石橋孫治郎編

出版に就て

國民多年の聲漸く徹つて衆議院議員選擧法は改正されて難産ながらも普選法は生れた之に伴ふて地方議會制度も多少の改正を見たが要するに之等改正の主たる點は國民參政權の擴張である所謂普通選擧制度の實施である全國中十二市九十餘町村の議員選擧は既に此の新法たる普選法の洗禮を受けたが愈々普選法が全國的に實施されるは今秋九月施行の府縣會議員選擧である

選擧期日の切迫するにつれて各府縣とも中原に鹿を逐はんと欲する人が決して少くないが何れも「普選法は取締が嚴重で違反行爲が嚴罰主義だから選擧運動に付ては危險で手も足も出せぬ」と普選法の爲めに立候補を躊躇する向があるが之は普選法の精神を會得せない爲めである抑普選法は政治を國民政治化し誤つた從來の黄金の魔力を徹底的に選擧界から一掃し叩頭百拜の醜運動を排し選擧運動を言論と文章、紙と聲の所謂理想選擧たらしめ而して選擧の自由と公平を確保しやうと言ふ趣旨から選擧運動の方法と費用に關し嚴重な制限を設け眞の人材を政界に議場に選出しやうとするのであるから苟も正々堂々の逐鹿戰に依つて勝敗を決しやうと志す人々には普選法は有難き唯一の味方でこそあれ何をか危惧する事があらう
立候補者は勿論選擧運動に參加する人選擧有權者である人は何れも普選法の眞髓を解して理想選擧を以て混濁した我が選擧界を淸淨化し憲政の發達に努め併せて地方自治の進展を期せねばならぬ
著者今夏少閑午睡の時を暫く得たるを幸に普選法を一讀し目前に迫つた府縣會議員選擧に付て普選法が如何なる範圍に適用されるか普選法から見た府縣議選擧を汎く一般に知らしむるの決して徒事でない事を信じ此の一小冊子を知友に贈るの意味に於て上梓した譯で言はゞ「午睡の代償」である足らぬ所は多々あるだらうが其は睡魔の未だ醒めぬせいだとして寛容されん事を願ふ

昭和二年七月

午睡の眼をこすり乍ら

著者識す

普選と府縣會議員　目次

府縣議選擧と普選法

普選法《ふせんはふ》は衆議院議員選擧《しうぎいんぎいんせんきよ》ばかりでなく道府縣會市町村會等《どうふけんかいしていそんかいとう》の地方議會《ちはうぎかい》の議員選擧《ぎいんせんきよ》にも適用《てきよう》さるゝ規定《きてい》で言《い》はゞ議員選擧《ぎいんせんきよ》の根本規定《こんはんきてい》と言《い》つても差支《さしつかへ》ない選擧競爭《せんきよけうそう》は代議士《だいぎし》の選擧《せんきよ》を初《はじ》めとし各地方議會《かくちはうぎかい》の議員選擧《ぎんいんせんきよ》に於《たい》ても逐年激烈《ちくねんげきれつ》となり従《したがつ》て運動費用等《うんどうひようとう》も意外《いぐわい》に巨額《きよかく》に上《のぼ》つた殊《こと》に普選實施《ふせんじつし》の結果道府縣會議員《けつくわどうふけんかいぎいん》の選擧有權者數《せんきよいうけんしやすう》も著《いちじる》しく増加《そうか》し又立候補者《またりつこうほうしや》も増《ま》す従《したが》つて之《これ》が取締《とりしま》り制限《せいげん》も代議士《だいぎし》の選擧仝樣《せんきよどうやう》に必要《ひつえう》である故《ゆゑ》に府縣會議員選擧《ふけんかいぎいんせんきよ》に付《つい》ても衆議院議員選擧《しうぎいんぎいんせんきよ》に於《た》けると仝《どう》一の選擧運動取締規定《せんきようんどうとりしまりきてい》を適用《てきよう》し選擧界《せんきよかい》の百弊《へき》を矯正《けうせい》し選擧《せんきよ》の自由公平《じゆうこうへい》を期《き》する事《こと》になつてをる然《しか》らば普選法《ふせんはふ》から觀《み》た府縣會議員《ふけんかいぎいん》は如何《いかん》府縣會議員選擧《ふけんかいぎいんせんきよ》に關《かん》し衆議院議員選擧《しうぎいんぎいんせんきよ》法《はう》が如何《いか》なる範圍《はんゐ》まで適用《てきよう》さるゝかと言《い》ふに大略左《だいりやくさ》の通《とほ》りである

(1)選擧運動の當事者の制限規定
(2)選擧運動の施設の制限規定
(3)選擧運動の行爲の制限規定
(4)選擧運動の費用の制限規定
(5)選擧運動の爲の公共營造物の使用權
(6)選擧に干する罰則規定

選擧區とは

府縣制第四條

府縣會議員《ふけんかいぎゐん》の選擧區《せんきよく》に關《かん》する舊法時代《きうはふじだい》の表示方法《へうしはうはふ》は『選擧區《せんきよく》は郡市《ぐんし》の區域《くゐき》に依《よ》る』『島司《とうし》を置《た》く地《ち》に於《たい》ては本法中郡《ほさはふちうぐん》に關《かん》する規定《きてい》は島嶼《とうしよ》に……之《これ》を適用《てきよう》す』と規定《きてい》し行政區劃《ぎやうせいくかく》たる郡《ぐん》島嶼及市《とうしよたよびし》を以《もつ》て選擧區《せんきよく》の區劃《くかく》を表示《へうし》した然《しか》るに大正《たいせう》十五年《ねん》七月一日郡長島司《ぐんてうとうし》は廢止《はいし》された結《けつ》果行政區劃《くわけうせいくかく》たる郡及島嶼《ぐぐたよびとうしよ》も亦存在《またそんざい》せないから改正《かいせい》の府縣制《ふけんせい》は『選擧區《せんきよく》は市《し》の區域又《くゐきまた》は從前郡《じうぜんぐん》長若《てうもし》くは島司《とうし》の管轄《かんかつ》したる區域《くゐき》に依《よ》る』と規定《きてい》し選擧區《せんきよく》の區域《くゐき》を具体的《ぐたいてき》に表示《へうし》する事《こと》にした

開票區の新設

府縣制第二十三條ノ二

普選法《ふせんはふ》の實施《じつし》と共《とも》に府縣會議員《ふけんかいぎいん》の選擧有權者《せんきよいうけんしや》の數《すう》は著《いちじる》しく增加《ぞうか》すると共《とも》に選擧區《せんきよく》の分區制《ぶんくせい》が廢止《はいし》されたので選擧《せんきよ》の單位《たんゐ》が一層擴大《そうかくだい》した然《しか》るに選擧《せんきよ》の結果《けつくわ》は一時間《じかん》でも早《はや》く一般《はん》に知《し》らしめねばならぬ所《ところ》が彼《か》の名古屋市《なごやし》の如《ごと》き大都市《だいとし》にありては府縣會議員《ふけんかいぎいん》の有權者見込數《ゆうけんしやみこみすう》は一五

四、七三四人《にん》で投票《とうへう》百票《へう》の開票整理《かいへうせいり》に平均《へいきん》六分《ぶん》四十九秒《べう》を要《えう》する實驗《じつけん》により時間《じかん》を測定《そくてい》すると満《まん》七日七時間《じかん》余《よ》を要《えう》する又郡部《またぐんぶ》では東京府下《とうけうふか》の北豊島郡《きたとよしまぐん》の九一、八四六人《にん》で之《こ》れが時間《じかん》は満《まん》四日八時間《じかん》を要《えう》する實情《じつぜう》あるを以《もつ》て一時間《じかん》も早《はや》く選擧《せんきよ》の結果《けつくわ》を一般《ぱん》に知《し》らしむる主旨《しゆし》から開票區《かいへうく》なる者《もの》を新《あらた》に設《もう》くる事《こと》に改《あらた》めたのである即《すなは》ち府縣制第《ふけんせいだい》二十三條《ぜう》の二に『府縣知事特別ノ事情アリト認ムル時ハ區劃ヲ定メテ開票區ヲ設クル事ヲ得』と規定《きてい》してある

選擧權と被選擧權

府縣制第六條

一、どんな人は府縣會議員の選擧權があるか

一、府縣會議員《ふけんかいぎいん》の選擧權及《せんきよけんおよ》び被選擧權《ひせんきよけん》に付《つい》ては府縣制第《ふけんせいだい》六條第《ぜうだい》一項《こう》に『府縣内ノ市町村公民ハ府縣會議員ノ選擧權及被選擧權ヲ有ス』と規定《きてい》して之《これ》が資格要件《しかくゑうけん》を市町村會議員《しちやうそんかいぎゐん》の選擧《せんきよ》權及《けんおよ》び被選擧權《ひせんきよけん》と同《どう》一資格要件《しかくゑうけん》にして統《とう》一せられて居る之《これ》に若《も》し衆議院議員《しうぎいんぎいん》の選擧資格《せんきよしかく》が同《どう》一であれば各市町村《かくしちやうそん》に於《おい》ては全《どう》一の選擧人名簿《せんきよにんめいぼ》で三つの選擧《せんきよ》が執行出來《しこうでき》て選擧人名簿調製《せんきよにんめいぼてうせい》の

費用手續《ひようてつゞき》の上《うへ》に非常《ひぜう》に便宜《べんぎ》となる譯《わけ》である

二、普選法《ふせんはふ》が一般《ぱん》に施行《しこう》せらるゝやうになつて從來《じうらい》の獨立《どくりつ》の生計《せいけい》を營《いとな》む者《もの》とか或《あるひ》は直接市《ちよくせつし》町村稅《てうそんぜい》を納《をさ》むるとか言《い》ふやうな資格《しかく》の制限《せいげん》が全部《ぜんぶ》撤廢《てつぱい》されたから

一、帝國臣民である事

二、年齡二十五年以上の男子である事

三、二年以來其の市町村の住民である事

此《こ》の三條件《ぜうけん》さへ具備《ぐび》して居《を》れば二階借《かいが》りであつても裏長屋住《うらながやすま》ひでも隱居《いんきよ》でも番頭《ばんとう》でも雇人《やとひにん》でも學生《がくせい》でも生徒《せいと》でも何《なん》でも構《かも》はぬ納稅《のうぜい》一厘《りん》せなくても選擧權《せんきよけん》がある譯《わけ》である故《ゆゑ》に朝鮮人《てうせんじん》でも臺灣人《たいわんじん》でも歸化人《きくわじん》でも之《こ》れ仝《おな》じく帝國臣民《ていこくしんみん》で內地《ないち》に居住《きよじう》さへして居《を》れば選擧權《せんきよけん》も被選擧權《ひせんきよけん》もある譯《わけ》で決《けつ》して新附《しんぷ》の民《たみ》だと言《い》ふので選擧權《せんきよけん》がないと言《い》ふ理由《りゆう》はない

唯此《たゞこ》の條件《ぜうけん》の內《うち》で調查《てうさ》等《とう》に面倒《めんどう》なのは果《ほた》して其《そ》の人《ひと》が二ケ年以上引續《ねんいぜうひきつゞ》き其《そ》の市町村內《してうそんない》に住居《じうきよ》して居《を》るか否《いな》かの住居期間《じうきよきかん》を認定《にんてい》する事《こと》である

二、選擧資格の缺けた人々（缺格者）

三、右《みぎ》の三條件《ぜうけん》が具備《ぐび》して居《を》れば市町村《してうそん》の公民《こうみん》である市町村《してうそん》の公民《こうみん》であれば府縣會議員《ふけんかいぎいん》の

選擧權《せんきよけん》も被《ひ》選擧權《せんきよけん》もある譯《わけ》であるが若《も》し其《そ》の公民《こうみん》が左《さ》に揭《かゝ》ぐる條件《ぜうけん》に該當《がうたう》するこ之《こ》れは缺格《けつかく》者《しや》こして選擧權《せんきよけん》がない又被《またひ》選擧權《せんきよけん》もない事《こと》になる尤《もつと》も之等《これら》消極要件《せうぎよくゑうけん》は出來得《できう》る丈《だ》け局限《きよくけん》して選擧權《せんきよけん》の擴張《かくてう》を圖《はか》り普選《ふせん》の精神《せいしん》を徹底《てつてい》する事《こと》にした

(1)禁治產者及準禁治產者

(2)破產者で復權を得ざる者

(3)貧困に因り生活の爲公私の救助を受け又は扶助を受くる者

之に付いては實際の取扱上種々の疑義が起るから內務省は左の通り通牒を出して 缺格者になる人こならぬ人を列擧してをる

(イ)缺格要件こなる者

(a)乞食を爲す者

(b)救恤規則により救助を受くる者

(c)養老院に收容せらるゝ者及養老院より院外救助を受くる者

(d)貧困により故舊子弟より生活上の扶助を受くる者

(e)養子こなりて他の家に入りたる者が貧困に陷りたる爲實家より生活の扶助を受くる者

(f)生活の爲他より補助を受くる者の生活に屬する者

(ロ)缺格要件こならぬ者

(A)軍事救恤法によりて救護を受くる者

(B)廢兵院によりて救護を受くる者
(C)罹災救助を受くる者
(D)恩給法等により恩給又は遺族扶助料を受くる者
(E)工場法鑛業法雇入扶助法により扶助を受くる者
(F)各種匡濟組合より供與を受くる者
(G)施藥施療を受くる者
(H)各種の補助を受くる者
(I)年末年始等に於て何等かの名義下のに贈與を受くる者
(J)傳染病豫防法に依り生活費を受くる者
(K)親戚故舊より體面を保持する補助を受くる者
(L)父兄より扶養を受くる子弟或は子弟より扶養を受くる父兄其他民法上の家族たると否とを問はず同一世帶内より扶助を受くる者
(M)托鉢僧雲水順禮
(4)一定の住居を有せざる者
(5)六年の懲役又は禁錮以上の刑に處せられたる者
(6)刑法第二編の第一章(皇室に關する罪)第二章(外患に關する罪)第九章(放火及失火の罪)第十六章(通貨僞造罪)第十七章(文書僞造罪第十八章(有價證券僞造の罪)第十九章(印紙僞造の罪)第二十章(僞證の罪)第二十一章(誣告の罪)第二十五章(瀆職の罪)第三十六章(窃盜及强盜の罪)第三十七章(詐欺及恐喝の罪)第三十八章)橫領の罪)第三十九章(贓物に關する罪)に關する罪を犯して六年未滿の懲役の刑に處せられ其の執行を終り又

は執行を受くる事なきに至りたる後其の刑期の二倍に相當する期間を經過するに至る迄の者 但し期間五年より短き時は五年とする

(7)六年未滿の禁錮の刑に處せられ又は前號に掲ぐる罪以外の罪を犯し六年未滿の懲役の刑に處せられ其の執行を終り又は執行を受くる事なきに至る迄の者

刑の執行猶豫中は其の罪に該當するは勿論であるが、其の期間取消さるゝ事なく滿了する時は刑の言渡は効力を失ふから刑の言渡のなかつた者と同一に復歸するから猶豫期間の經過した者は缺格者とはならぬ

(8)衆議院議員選擧法第三十七條に掲ぐる選擧犯罪を犯し罰金の刑に處せられたる者及禁錮以上の刑に處せられたる者

(9)公民權停止中の者即ち正當の理由なくして各名譽職の當選を辭し又は其の職を辭し若くは其の 職分を實際に執行せない者

(10)公務に參與する事の禁止された者即ち陸軍々人にして現役中の者(未だ入營せざる者及歸休下士官兵を除く)戰時若くは事變に際し召集中の者兵籍に編入せられたる學生々徒(勅令を以て定むる者を除く)及志願により國民軍に編入せられた者

勅令を以て定むる學生々徒と言ふのは(一)陸軍各部委託學生々徒(二)海軍々醫學生藥劑學生主計學生造船學生並海軍豫備生徒及海軍豫備練習生にして志願によりて國民軍に編入せられ得る者と言ふのは(一)退役陸軍將校同相當官准士官にして國民兵役に在らざる者(二)元陸軍下士上等兵及之と同等階級の者にして國民兵役に在らざる者である

四、普選法《ふせんはふ》によつて選擧權《せんきよけん》が擴張《かくてう》された結果有權者《けつくわゆうけんしや》の數《すう》は著《いちぢる》しく増加《ぞうか》する見込《みこみ》なるが今改《いまかい》正法《せいはう》に依《よ》る府縣會議員選擧有權者見込數《ふけんかいぎいんせんきよゆうけんしやみこみすう》は一二、三八九、六六四人《にん》で舊法《きうはふ》の五、二九七、六二

五人《にん》に比《ひ》すれば七、〇九二、〇三九人《にん》の増加《ぞうか》である

三　どんな人は府縣會議員の被選擧權があるか

被《ひ》選擧權《せんきよけん》も選擧權《せんきよけん》こ殆《ほとん》ご一致《ち》して居《を》るので府縣制《ふけんせい》では別《べつ》に被《ひ》選擧權資格《せんきよけんしかく》を別條《べつぜう》に獨立規定《どくりつきてい》せず選擧權《せんきよけん》こ仝《どう》一條文《ぜうぶん》に併《あは》せ規定《きてい》してある唯《たい》選擧權《せんきよけん》の要件《えうけん》こして述《の》べた資格《しかく》の外《ほか》に特殊《とくしゆ》の職《しよく》務《む》のある者《もの》に被《ひ》選擧權《せんきよけん》を賦與《ぶよ》するは選擧《せんきよ》の自由公平《じゆうこうへい》に害《がい》があるこ言ふ理由《りゆう》から被《ひ》選擧權《せんきよけん》を與《あた》へない事《こと》になつて居《を》るが之《こ》れこて出來《でき》る限《かぎ》り其《そ》の範圍《はんゐ》を局限《きよくげん》して被《ひ》選擧權《せんきよけん》も選擧權《せんきよけん》仝樣《どうやう》其《その》の範圍《はんゐ》を擴張《かくてう》したのである其《そ》れは

一、在職の檢事及警察官吏及收稅官吏は絕對に被選擧權を與へぬ(絕對的無資格者)

二、選擧事務に關係ある官吏、吏員は唯其の關係區域に於て被選擧權を有せないので第一の如く絕對的無資格ではない(關係的無資格者)

選擧人名簿

府縣制第九條

一、選擧人名簿《せんきよにんめいぼ》は選擧權《せんきよけん》の資格《しかく》ある者《もの》を市町村長《してうそんてう》に於《たい》て調査作製《てうさきくせい》して登載《とうさい》した者《もの》で選擧《せんきよ》の

根本《こんぽん》になる重要《ぢうよう》な帳簿《てうぼ》である假令《たとへ》實質上《じつしつぜう》に於《たい》て選擧權《せんきよけん》があつても此《こ》の名簿《めいぼ》に登錄《とうろく》されて居《ゐ》なければ實際《じさい》の選擧權《せんきよけん》の行使《こうし》即《すなは》ち投票《とうへう》は出來《でき》ぬ又《また》選擧《せんきよ》に關《かん》する投票立會人《とうへうたちあひにん》開票立會人《かいへうたちあひにん》選擧立會《せんきよたちあひ》人《にん》に選任《せんにん》せらるゝ資格《しかく》の有無《うむ》も開票《かいへう》の參觀《さんかん》を要求《えうきう》する權利《けんり》の有無《うむ》も議員候補者《ぎいんこうほしや》の推薦屆出者《すいせんとゞけいでしや》になる權利《けんり》の有無《うむ》も選擧運動者《せんきよううんどうしや》になる權利《けんり》の有無《うむ》も皆《みな》此《こ》の選擧人名簿《せんきよにんめいぼ》に登錄《とうろく》されて居《を》るか否《いな》かに依《よ》る者《もの》であるから調製《てうせい》する者《もの》の注意《ちうい》の必要《ひつえう》と共《とも》に選擧權者《せんきよけんしや》に於《たい》ても細心《さいしん》の注意《ちうい》を拂《はら》つて此《こ》の名簿《めいぼ》の登錄《とうろう》に漏《も》れないやうにせねばならぬ

二、選擧權《せんきよけん》の擴張《かくてう》に伴《ともな》ひ選擧行政上《せんきよげうせいぜう》の一困難《こんなん》となつたのは選擧人名簿《せんきよにんめいば》の調製《てうせい》である選擧人《せんきよにん》名簿調製《めいぼてうせい》に關《かん》する選擧資格調査期日《せんきよしかくてうさきじつ》は毎年《まいねん》九月十五日現在《げんざい》を基準《きじゆん》として市町村長《してうそんてう》が調査《てうさ》して作製《さくせい》する（東京《とうけう》、京都《けうと》、大阪《たほさか》等《とう》の如《ごと》き第六條《だいぜう》の市《し》では其《そ》の區長《くてう》）其《そ》の名簿《めいぼ》には選擧人《せんきよにん》の氏名《しめい》住所《しうしよ》、生年月日《せいねんがつひ》を登載《とうさい》す而《しか》して此《こ》の調製《てうせい》が終了《しうれう》したる場合《ばあひ》は市町村長《してうそんてう》は十一月五日より十五日間《かん》市《し》役所《やくしよ》町村役場《てうそんやくば》又《また》は其《そ》の指定《してい》した場所《ばしよ》で選擧人名簿《せんきよにんめいぼ》の關係者《かいけいしや》に縱覽《じうらん》させねばならぬ

三、選擧人名簿《せんきよにんめいぼ》の縱覽《じうらん》を選擧人《せんきよにん》は輕視《けいし》して居《ゐ》るが之《こ》れは選擧人《せんきよにん》が自己《じこ》の權利《けんり》を尊重《そんてう》せざる者《もの》である若《も》しや脫漏《だつろう》はしてゐないか誤謬《ごべう》はないか若《も》し脫漏《だつろう》とか誤謬等《ごべうなど》のあつた場合《ばあひ》は其《そ》の縱《じう》

覽期間內《らんきかんない》に市町村長《してうそんてう》に修正《しうせい》の申立《もうしたて》をせねばならぬ若《も》し此《こ》の期間內《きかんない》に異議《いぎ》の申立《しんせい》をせない場合《ばあひ》は選擧氣分《せんきよきぶん》が盛《さか》になつて來《き》た場合《ばあひ》に如何《いか》に騷《さわ》ぎ出《だ》しても最早後《もはやあと》の祭《まつり》である此《こ》の實例《じつれい》は選擧毎《せんきよごと》に屢々《しばしば》起《おこ》る事實《じじつ》である

選擧人名簿《せんきよにんめいぼ》に對《たい》する異議《いぎ》の申立《もうしたて》があつた場合《ばあひ》に於《おい》ては市町村長《してうそんてう》（區長《くてう》）は縱覽期間滿了後《じうらんきかんまんれうご》三日以內《いない》に之《これ》を市町村會《してうそんかい》の決定《けつてい》に付《ふ》する市町村會《してうそんかい》は其《そ》の送付《そうふ》を受《う》けた日から十日以內《いない》に之《これ》を決《けつ》定《てい》する此《こ》の決定《けつてい》に不服《ふふく》ある者《もの》は府縣參事會《ふけんさんじかい》に訴願《そぐわん》し其《そ》の裁決《さいけつ》に不服《ふふく》ある者《もの》は行政裁判所《げうせいさいばんしよ》に出《しゆつ》訴《そ》する事《こと》が出來《でき》る之《こ》れ丈《だ》けの途《みち》が開《ひら》けてあるから選擧人《せんきよにん》は此《こ》の重大《ぢうだい》な選擧權《せんきよけん》の根據《こんきよ》になる人《じん》名簿《めいぼ》に付《つ》いては愼重《しんぢう》の注意《ちうい》を要《えう》する

斯《こ》うして選擧人名簿《せんきよにんめいぼ》は十二月二十五日で愈々《いよ〳〵》確定名簿《かくていめいぼ》となる其《そ》の名簿《めいぼ》は次年《じねん》の十二月二十四日迄《まで》即《すなは》ち一ケ年間《ねんかん》据置《すゑお》かれるのである

不服《ふふく》で府縣參事會《ふけんさんじかい》の決定《けつてい》又《また》は行政裁判所《げふせいさいばんしよ》の判決《はんけつ》あつた時《とき》は之《これ》を証據《せうこ》に名簿《めいぼ》の修正《しうせい》を要求《えうきう》すれは市町村長《してうそんてう》は直《たゞち》に之《これ》を修正《しうせい》する事《こと》になつて居《を》る斯《か》る重要《ぢうえう》な名簿《めいぼ》であるから詐僞《さぎ》の方法手段《はうはふしゆだん》で選擧權《せんきよけん》のないのに此《こ》の名簿《めいぼ》に登錄《とうろく》させると詐欺登錄罪《さぎとうろくざい》と言《い》ふ罪《つみ》になる

四、改正府縣制《かいせいふけんせい》に於《たい》ては府縣會議《ふけんかいぎ》員選擧人名簿《いんせんきよにんめいぼ》なる者《もの》は別《べつ》になく市町村會議《してうそんかいぎ》員選擧人名簿《いんせんきよにんめいぼ》に依《よ》り府縣會議《ふけんかいぎ》員選擧《いんせんきよ》を行《おこな》ふ者《もの》である

投票の法則一束

一、投票《とうへう》は假之《たとへ》選擧權者《せんきよけんしや》であつても選擧人名簿《せんきよにんめいぼ》に登錄《とうろく》された者《もの》でなくては出來《でき》ぬ

二、選擧人名簿《せんきよにんめいぼ》に登錄《とうろく》されて居《ゐ》ないでも選擧人名簿《せんきよにんめいぼ》に登錄《とうろく》さるゝ確定《かくてい》の判決等《はんけつとう》を持《も》つて投票《とうへう》所《しよ》に行《ゆ》けば投票《とうへう》は出來《でき》る

三、投票《とうへう》は必《かなら》ず投票所《とうへうしよ》で交付《こうふ》された投票用紙《とうへうようし》（成規《せいき》の用紙《ようし》）に書《か》かねばならぬ

四、投票用紙《とうへうようし》は選擧人自《せんきよにんみづか》らが投票所《とうへうしよ》に行《ゆ》き投票管理者《とうへうかんりしや》たる市町村長《してうそんてう》（區長《くてう》）と投票立會人《とうへうたちあひにん》の面前《めんぜん》で選擧人名簿《せんきよにんめいぼ》の對照《たいせう》を受《う》けた後交付《のちこうふ》を受《う》くるのである

五、投票《とうへう》は一人《にん》一票《へう》に限《かぎ》る者《もの》である

六、投票《とうへう》は選擧人自《せんきよにんみづか》ら被選擧人《ひせんきよにん》の名前《なまへ》を書《か》かねばならぬ自書主義《じしよしゆぎ》であるから代書投票《だいしよとうへう》は許《ゆる》されぬ

七、選擧人《せんきよにん》が病氣《べうき》旅行中《りよこうちう》だこて代人投票《だいにんとうへう》は出來《でき》ぬ

八、投票用紙《とうへうようし》には選擧人《せんきよにん》の氏名《しめい》を書《か》いてはならぬ投票《とうへう》は無記名投票《むきめいとうへう》である

九、投票用紙《とうへうようし》には議員候補者《ぎいんこうほしや》こして屆出《とゞけいで》のしてある者《もの》を記載《きさい》せねばならぬ

一〇、議員候補者《ぎいんこうほしや》の氏名《しめい》は一名限《めいかぎ》りで二名以上《めいいぜう》書《か》いてはならぬ

一一、自分《じぶん》で候補者《こうほしや》の氏名《しめい》の書《か》けぬ人《ひと》は投票《とうへう》は出來《でき》ぬから選擧期日《せんきよきじつ》までに自分《じぶん》の投票《とうへう》しやうこ思《おも》ふ議員候補者《ぎいんこうほしや》の氏名丈《しめいだ》けは漢字《かんじ》が困難《こんなん》なら假名《かな》でもよいから練習《れんしう》す可《べ》きである參政權《さんせいけん》の行使《こうし》に六十の手習《てならひ》は決《けつ》して耻《はじ》でない

一二、選擧人《せんきよにん》が誤《あやま》つて投票用紙《とうへうようし》を汚損《をそん》するこか書《か》き損《そこな》つた時《とき》は其《そ》の投票用紙《ようへうようし》を返還《へんかん》して之《これ》こ引換《ひきかへ》に更《きら》に請求《せいきう》する事《こと》が出來《でき》る

一三、選擧人《せんきよにん》が盲人《もうじん》である場合《ばあひ》は普選法《ふせんはふ》で點字投票《てんじとうへう》が許《ゆる》されたから其《そ》の旨《むね》を投票管理者《とうへうかんりしや》に申《もうし》立《た》つれば點字機械《てんじきかい》で投票《でうへう》が出來《てき》る

一四、選擧人名簿調製《せんきよにんめいぼてうせい》の後選擧人《のちせんきよにん》が其《そ》の投票區域外《とうへうくゐきがい》に轉住《てんじう》した時《とき》は前住地《ぜんじうち》の投票所《とうへうしよ》で投票《とうへう》する

一五、選擧人本人《せんきよにんほんにん》でないのに選擧人本人《せんきよにんほんにん》だと詐《いつは》りて投票《とうへう》すると罪《つみ》になる

一六、同府縣內《どうふけんない》に於《た》ける二以上《いぜう》の市町村《してうそん》に於《たい》て公民權《こうみんけん》を有《いう》する者《もの》は住所地《じうしよち》の市町村《してうそん》に於《たい》てのみ投票《とうへう》をせねばならぬ

盲人と點字投票

府縣制第十八條第七項

一、眼は明かぬが選擧の途は開いた　舊法《きうはふ》では點字投票《てんじとうへう》は無効《むこう》であつた爲《た》めに盲目《もうもく》の爲《た》め文《もん》字《じ》の記載《きさい》の出來《でき》ない者《もの》は擧選權《せんきよけん》はあつても實際《じつさい》の選擧《せんきよ》は出來《でき》なかつた盲敎育《もうけういく》の發達《はつだつ》の今日《こんにち》點字《てんじ》を普通《ふつう》の文字《もんじ》仝樣《どうよう》に認《みと》むるは當然《とうぜん》である普選法《ふせんはふ》は點字《てんじ》を文字《もんじ》と見做《みな》したから今後《こんご》の選《せん》擧《きよ》に於《たい》て盲人《もうじん》は點字《てんじ》で投票《とうへう》が出來《でき》る投票所《とうへうしよ》には點字機《てんじき》が準備《じゆんび》される事《こと》になつた

二、府縣制第十八には斯う規定してある

『投票ニ關スル記載ニ付キテハ勅令ヲ以テ定ムル點字ハ之ヲ文字ト看做ス』と規定《きてい》したから今度《こんど》の府縣會議員《ふけんかいぎいん》の選擧《せんきよ》から點字《てんじ》投票《とうへう》が有効《ゆうこう》となつた之《こ》れは盲人《もうじん》の有權者《ゆうけんしや》に取《と》りて一種《しゆ》

の福音的《ふくいんてき》の規定《きてい》が設《もう》けられた故《ゆゑ》に選擧場《せんきよぜう》には點字《てんじ》投票記載所《とうへうきさいしよ》が設《もう》けられてある又投票所内《またとうへうしよない》には盲人係《もうじんがゝり》が出來《でき》て盲人選擧人《もうじんせんきよにん》の世話《せわ》は萬事《ばんじ》して呉《く》れる

假投票

府縣制第十九條

一、投票管理者は疑問の投票を拒否する權がある

投票者《とうへうじや》に疑問《ぎもん》ある場合《はあひ》は投票管理者《とうへうかんりしや》は投票立會人《とうへうたちあひにん》の意見《いけん》を聽《き》いて之《これ》が投票《とうへう》の拒否《きよひ》を決定《けつてい》する獨斷《どくだん》で決定《けつてい》する事《こと》は出來《でき》ない併《しか》し投票立會人《とうへうたちあひにん》の意見《いけん》は投票管理者《とうへうかんりしや》の參考《さんこう》とするまでゝ此《こ》の意見《いけん》に拘束《こうそく》さるゝ事《こと》はないのである

二、拒絶されても投票は出來る

投票管理者《へうへうかんりしや》が一旦投票《たんとうへう》を拒絶《きよぜつ》する決定《けつてい》をしても選擧人《せんきよにん》に於《たい》て不服《ふふく》の時《とき》は投票管理者《とうへうかんりしや》は選擧《せんきよ》人《にん》をして假《かり》に投票《とうへう》を爲《な》さしむる事《こと》が出來《でき》ると言《い》ふのは選擧權《せんきよけん》は重大《ぢうだい》なる國民權《こくみんけん》である之《これ》を投票管理者《とうへうかんりしや》からの一片《へん》の拒絶《きよぜつ》で投票《とうへう》が出來《でき》ぬとすれば後日此拒絶《ごじつこのきよぜつ》の不當《ふとう》な事《こと》が判明《はんめい》しても

最早《もはや》選擧權《せんきよけん》の行使《こうし》は出來《でき》ない事《こと》になるからである

三、假投票の形式手續

假投票《かりとうへう》は選擧人《せんきよにん》をして投票《とうへう》を封筒《ふうとう》に入《い》れて封緘《ふうかん》し表面《へうめん》に自《みづか》ら其《そ》の氏名《しめい》（選擧人自身《せんきよにんじしん》の）を記載《きさい》させて投函《とうかん》させる斯《か》く他《た》の投票《とうへう》と一見判別《けんはんべつ》し得《う》るやうにして置《た》かぬと選擧會《せんきよくわい》で開票計算《かいへうけいさん》の時《とき》選擧立會人《せんきよたちあひにん》の意見《いけん》を聽《き》いて決定《けってい》する事《こと》が出來《でき》なくなる選擧人《せんきよにん》の氏名《しめい》を記載《きさい》するから之《こ》れは無記名投票《むきめいとうへう》の精神《せいしん》に反《はん》する者《もの》ではないかと言《い》ふ非難《ひなん》もあるが投票立會人《とうへうたちあひにん》も相當《さうとう》の人物《じんぶつ》であるし唯《たゞ》不法《ふはふ》に拒否《きよひ》するやうな事《こと》も先《ま》づないから此《こ》の非難《ひなん》も決《けつ》して憂《うれ》ふる程《ほど》の者《もの》でない尚《な》ほ投票《とうへう》の拒否《きよひ》は投票立會人《とうへうたちあひにん》からも申立《もうした》てられるが併《しか》し投票立會人《とうへうたちあひにん》のみで決定《けってい》する事《こと》は出來《でき》ない譯《わけ》である

選擧と立會人

一、官選立會人は廢止された

舊擧選法《きうせうきよはふ》では投票《とうへう》、開票《かいへう》、選擧各立會人《せんきよかくたちあひにん》の選任《せんにん》は郡市長《ぐんしてう》の權限に屬《ぞく》した所謂官選《いわゆるかんせん》であつたが斯《か》くては其《そ》の選任《せんにん》が或《あるひ》は政黨政派《せいとうせいは》に偏《へん》する如《ごと》き事《こと》があつて往々不公平《わうくふこうへい》の非難《ひなん》があり候補《こうほ》者《しゃ》も時《とき》に不安《ふあん》を懷《いだ》くやうな事《こと》あつたので普選法《ふせんはふ》では此《こ》の弊《へい》は一掃《そう》する爲《た》めに議員候補者《ぎいんこうほしゃ》をして自《みづか》ら信頼《しんらい》する相當《そうたう》の人物《じんぶつ》を選定《せんてい》する事《こと》を原則《げんそく》とする事《こと》に改正《かいせい》した

二、候補者の選定は絶對的規定でない

議員候補者《ぎゐんこうほしゃ》は投票立會人《とうへうたちあひにん》を選定《せんてい》して投票管理者《とうへうかんりしゃ》に選擧期日《せんきょきじつ》の前日《ぜんじつ》まで屆出《とゞけい》づる事《こと》になつて居《を》るが之《こ》れは『屆出《とゞけい》づるを得《う》』と規定《きてい》してあるから屆出《とゞけい》づると否即《いなすなは》ち選定《せんてい》すると否《いな》とは一に候補者《こうほしゃ》の自由《じゆう》である

三、幾人の立會人を選定するか

條文《ぜうぶん》には投票立會人《とうへうたちあひにん》一人《にん》を定《さだ》めてとあるから各議員候補者《かくぎゐんこうほうしゃ》は一人《にん》しか選定《せんてい》は出來《でき》ないのである

四、投票立會人の資格

投票立會人《とうへうたちあひにん》に選任《せんにん》さるゝ者《もの》の資格《しかく》は其《そ》の選擧區《せんきょく》に於《た》ける選擧人名簿《せんきょにんめいぼ》に登載《とうさい》された有權者《ゆうけんしゃ》でなくてはならぬ故《ゆゑ》によしや選擧人名簿《せんきょにんめいぼ》に登載《とうさい》されて居《を》る者《もの》でも他選擧區《たせんきょく》の者《もの》は資格《しかく》がない

候補者《こうほしや》自身《じしん》は立會人《たちあひにん》たる事《こと》は無論《むろん》許《ゆる》されぬ

五、立會人の屆出には承諾書を要する

議員候補者《ぎいんこうほしや》が投票立會人《とうへうたちあひにん》を選任《せんにん》して屆出《とゞけい》づる場合《ばあひ》には必《かなら》ず其《そ》の投票立會人《とうへうたちあひにん》の承諾書《せうだくしよ》を添附《てんぷ》して屆出《とゞけい》でねば効力《こうりよく》はない蓋《けだ》し投票立會人《とうへうにちあひにん》なる責任《せきにん》は最《もつと》も重大《ぢうだい》な性質《せいしつ》の者《もの》であるから本人《ほんにん》の承諾《せうだく》を得て一層《そう》愼重《しんてう》にするのである

六、立會人が罰せらるゝ場合がある

投票立會人《とうへうたちあいにん》は投票《とうへう》に立會《たちあ》ひ投票《とうへう》の拒否《きよひ》に關《かん》し意見《いけん》を述《の》ぶる等《など》重大《ぢうだい》な責任《せきにん》ある名譽職《めいよしよく》であるから正當《せいとう》の事由《じゆう》なければ之《これ》を辭《じ》する事《こと》も出來《てき》ない投票立會人《とうへうたちあひにん》が其《そ》の職務《しよくむ》を履行《りりう》せない場合《ばあひ》は義務《ぎむ》不履行《ふりこう》の罪《つみ》こして百圓以下《ゑんいか》の罰金《ばつきん》に處《しよ》せらる（衆、第百二十八條罰則）

七、開票立會人《かいへうたちあひにん》、選擧立會人《せんきよたちあひにん》に關《かん》しては投票立會人《とうへうたちあひにん》の規定《きてい》が全部《ぜんぶ》準用《じゆんよう》される

八、立會人の屆出並に承諾書式

投票立會人(開票立會人)(選擧立會人)屆

立會人　何　某

住　所　何府(縣)何市(郡)何町(村)大字何(町)何番地

生年月日　何年何月何日

選　擧　昭和二年九月二十五日執行ノ府(縣)會議員選擧

右別紙本人ノ承諾書相添屆出候也

昭和二年何月何日

議員候補者　何　某㊞

投票管理者(開票管理者)(選擧長)　氏　名　殿

投票立會人(開票立會人)(選擧立會人)承諾書

昭和二年何月何日執行ノ府(縣)會議員選擧ニ於ケル投票立會人(開票立會人)(選擧立會人)タルコトヲ承諾候也

昭和何年何月何日

何府(縣)何市(何郡何町(村)大字何(町)何番地

何　某㊞

議員候補者　何　某　殿

投票は何處でするか（投票所）

一、投票《とうへう》は市町村役場《しよてうそんやくば》又《また》は投票管理者《とうへうかんりしや》の指定《してい》した投票所《とうへうじよ》でする事《こと》になつて居《を》る

二、投票所《とうへうしよ》が何處《どこ》であるかは投票管理者《とうへうかんりしや》（市町村長《してうそんてう》）が選擧《せんきよ》の期日《きじつ》五日前迄《ぜんまで》に必《かなら》ず告示《こくし》する

三、大《たほ》きな市町村《してうそん》で選擧有權者《せんきよゆうけんしやすう》の多《たほ》い所《ところ》で投票所《とうへうしよ》が一個所《かしよ》で混雜《こんざつ》するやうな時《とき》は二つ以上《いぜう》に分《わ》くる事《こと》がある又反對《またはんたい》の場合《ばあひ》は一つにする事《こと》もある

四、投票所《とうへうしよ》は午前《ごぜん》七時《じ》から午後《ごご》六時《じ》迄開《までひら》かるゝから此《こ》の時間《じかん》に後《たく》れると投票《とうへう》は出來《でき》ぬ

五、投票時間內《とうへうじかんない》に投票所《とうへうしよ》に入《はい》つた選擧人《せんきよにん》は其《そ》の時間《じかん》を過《す》ぎても投票《とうへう》は出來《でき》る

六、選擧人《せんきよにん》でない者《もの》は投票所《とうへうしよ》に入《い》る事《こと》は出來《ざき》ない

七、投票所《とうへうしよ》で演說討論《ゑんぜつとうろん》を爲《な》すこか若《もし》くば喧騷《けんそう》に渉《わた》るこか投票《とうへう》に關《かん》し協議《けうぎ》若《もし》くば勸誘《かんゆう》を爲《な》すこか其《そ》の外《ほか》投票所《とうへうしよ》の神聖《しんせい》こ秩序《ちつじよ》を紊《みだ》すやうな事《こと》はしてならぬ若《も》し管理者《かんりしや》から之等《これら》の行爲《かうゐ》を制《せい》止《し》されて尙止《なほや》めぬこ退出《たいしゆつ》させられる倂《しか》し退出《たいしゆつ》を命《めい》ぜられても最後《さいご》に投票《とうへう》は出來《でき》るから投票《とうへう》所《しよ》から歸《かへ》らぬやうにせぬこ投票《とうへう》は出來《でき》ぬ

議員候補者

府縣制第十三條ノ二

一、候補者屆出の制度が新に出來た

舊選擧法《きうせんきよはふ》では自《みづか》ら立候補《りつこうほ》するにしても他《た》から推薦《すいせん》さるゝにしても立候補《りつこうほ》した事《こと》が何等《なんら》かの方法《はうはふ》で選擧人《せんきよにん》一般《ばん》に周知《しうち》さるれば目的《もくてき》は達《たつ》したのであるが普選法《ふせんはふ》では議員候補者《ぎいんこうほしや》の屆出制《とゞけいでせい》度《ど》を設《もう》けて必《かなら》ず候補者《こうほしや》として法律上認《はふりつぜうみと》めて貰《もら》ふ爲《た》めには屆出《とゞけいで》をせねばならぬ事《こと》になつたから例《たと》へ自稱候補者《じせうこうほしや》として立候補《りつこうほ》しても屆出《とゞけいで》を爲《な》さぬ者《もの》は候補者《こうほしや》としての法律的《はふりつてき》の地位《ちゐ》を取《しゆ》得《とく》するの効力《こうりよく》はない事《こと》になつた

二、何時まで立候補の屆出をするか（立候補の屆出期間）

議員候補者《ぎいんこうほしや》たらんとする者《もの》は選擧《せんきよ》の期日《きじつ》が何月何日《なんがつなんにち》と言《い》ふ府縣知事《ふけんちじ》の告示《こくし》があつた日から選擧《せんきよ》の期日《きじつ》前《ぜん》七日目《め》迄《まで》に其《そ》の旨《むね》を選擧長《せんきよてう》に屆出《とゞけ》でねばならぬ（自薦の場合）

又選擧人名簿《またせんきよにんめいぼ》に登錄《とうろく》されたる者《もの》が他人《たにん》を議員候補者《ぎいんこうほしや》と爲《な》さんとする時《とき》は前《まへ》と仝樣《どうやう》の期間內《きかんない》に其《そ》の推薦《すゐせん》の屆出《とゞけいで》を爲《な》す事《こと》になつて居《を》る（推薦の場合）

又右《またみぎ》の自薦《じせん》、推薦《すゐせん》の期間内《きかんない》に届出《とゞけいで》ありたる議員候補者其《ぎいんこうほしやそ》の選擧《せんきよ》に於《た》ける議員《ぎいん》の定數《ていすう》を超《こ》ゆる場合《ばあひ》に於《たい》て其《そ》の期間《きかん》を經過《けいくわ》した後《のち》議員候補者《ぎいんこうほしや》が死亡《しぼう》し又《また》は辭退《じたい》した時《とき》は前《まへ》の例《れい》に依《よ》り選擧《せんきよ》の期日《きじつ》の前日《ぜんじつ》まで議員候補者《ぎいんこうほしや》の届出又《とゞけいでまた》は推薦届出《すゐせんとゞけいで》を爲《な》す事《こと》が出來《でき》る

三、候補者は勝手に辭退は出來ぬ

議員候補者《ぎいんこうほしや》は選擧長《せんきよてう》に届出《とゞけいで》を爲《な》さねば議員候補者《ぎいんこうほしや》を勝手《かつて》に辭《じ》する事《こと》は出來《でき》ない要《えう》するに立候補届出《りつこうほとゞけいで》も立候補《りつこうほ》の辭退《じたい》も届出《とゞけいで》と言《い》ふ事《こと》によらしめて從來《じうらい》のやうに立候補《りつこうほ》も辭退《じたい》も自由自在《じゆうじざい》にさせず總《すべ》て愼重《しんてう》の行動《かうどう》を採《と》らしめて不眞面目《ふまじめ》な候補者《こうほしや》の簇出《そくしゆつ》を抑止《よくし》したのである

四、議員候補者《ぎいんこうほしや》が立候補《りつこうほ》の届出《とゞけいで》を爲《な》すと色々《いろ〳〵》な法律上《はふりつぜう》の地位《ちゐ》所謂効果《いはゆるかうくわ》を取得《しうとく》する事《こと》が出來《でき》る

即《すなは》ち

(1)投票立會人開票立會人選擧立會人は議員候補者に於て之を選定し届出づる事が出來る

(2)議員候補者に非さる者の氏名を記載した投票は無効となる

(3)議員候補者其の選擧に於ける議員の定數を超えさる時は其の選擧區に於ては投票を行はず無投票當選となる

(4)選擧及當選に關する異議の申立訴願訴訟の提起は議員候補者も亦之を爲す事が出來る

(5)議員候補者は自ら選擧事務長と爲る事を得可く又選擧事務長を選任し解任する事を得る

(6)公立學校及公會堂、議事堂等公共營造物の設備を選擧運動の爲めに使用する事が出來る

(7)無投票で當選人となる事が出來る場合がある

五、立候補屆出前と選擧運動

立候補《りつこうほ》屆出前《とゞけいでぜん》の選擧運動《せんきようんどう》に付《つい》ては候補者《こうほしや》たる者《もの》は充分注意《じうぶんちうい》しないと不知《しらず》不識《〱》の間《あひだ》に選擧違《せんきよゐ》反《はん》になる事《こと》がある府縣知事《ふけんちじ》の選擧期日告示前即《せんきよきじつこくしぜんすなは》ち立候補屆出前《りつこうほとゞけいでぜん》の選擧運動《せんきよううんどう》は未《いま》だ選擧事務《せんきよじむ》長《ちやう》も選擧委員《せんきよいいん》や選擧事務員《せんきよじむいん》と言《い》ふ所謂運動機關《いわゆるうんどうきくわん》も出來《でき》ぬ前《まへ》であり又之等《またこれら》の機關《きくわん》もまだ設《もう》ける事《こと》も出來《でき》ない時期《じき》であるから只演說《たゞえんぜつ》と推薦狀《すゐせんぜう》の二つの方法《はうはふ》の外《ほか》一切《さい》の選擧運動《せんきよううんどう》は出來《でき》ない選擧事務長《せんきよじむてう》を誰《た》れに仕樣《しやう》か位《ぐらゐ》の物色《ぶつしよく》は差支《さしつかへ》ない

此《こ》の時期《じき》にはまだ新聞廣告等《しんぶんこうこくなど》は許《ゆる》されないから特定人《とくていじん》に對《たい》して電報《でんほう》とか信書《しよしん》とか葉書等《はがきなど》で依賴《いらい》するとか又廣告配《またこうこくくば》りの如《ごと》き機械的《きかいてき》の人物《じんぶつ》を雇《あと》つて機械的《きかいてき》に頒布《はんぷ》するのは差支《さしつかへ》ない勿論《もちろん》機械的《きかいてき》に配布《はいふ》するのであるから配布《はいふ》の際《さい》に一々『宜《よろ》しく賴《たの》みます』等《など》の餘計《よけい》の言葉《ことば》を使《つか》ふと違反《ゐはん》になる又機械的人物《またきかいてきじんぶつ》だから地方《ちはう》の有志等《いうしなど》をして配布《はいふ》させると違反《ゐはん》になる新聞《しんぶん》の折込《をりこ》みの頒布《はんぷ》は不特定人《ふとくていじん》になるから違反《ゐはん》になる要《えう》するに立候補前《りつこうほぜん》の運動《うんどう》は演說《えんぜつ》と推薦狀《すゐせんぜう》を郵送《ゆうそう》するのが最《もつと》も安全且《あんぜんか》つ適法《てきはふ》である

六、內務司法兩省の疑義決定

法の適用時期

一、次の衆議院議員選擧に立候補す可く聲明せる甲某を議會に送る目的を以て其の親交ある乙某が目下理想選擧同志會なる團體を組織しこれが會員募集の爲めと稱し同志名簿及び芳名錄（同志名簿及び芳名錄中には甲某を推奬しかつ次回總選擧の候補者として同人を推薦する旨の記事あり）を作製し主として其の區內の成年以上の有志を訪問し或は他の用件にて來訪する有志に對し其の趣旨を說明し贊同を求め右名簿に記入調印を求めつゝあり右は改正選擧法を適用して取締るや否やは改正選擧法第九十六條または第九十八條を適用して取締るべきものとす

一、候補者の未決定中といへども衆議院議員選擧法第九十六條（選擧運動開始）第九十八條（戶別訪問）の行爲ありたるときは違反となるものと思量す

一、本年九月施行の府縣會議員總選擧に立候補の野心を有するものが三月中旬ごろより知己の間柄なる工場を一日に數ヶ所または隔日或は數日を隔てゝ數ヶ所を歷訪し工場主、職工長または主立ちたる職工に對し自己の名刺を渡し、九月頃の府縣會議員總選擧に立候補することを告げ、その運動法を依賴すべく計畫せるものありとすれば、立候補後における自己の當選に資する目的に出づるものと認められる場合は選擧期日告示前といへども改正選擧法第九十六條または第九十八條に該當の行爲と見て取締るべきものとす

一、特定人に對し單に將來選擧事務長選擧委員若くは選擧事務員となる事の意向の有無を問合せまたは特定の建物の管理者に對し當該建物を將來選擧事務所として使用せしむる事の意向の有無を問合すに過ぎ

ざる行爲は未だもつてこれを選擧運動といふ事を得ざるものとす

一、選擧に際し政黨の本部または支部が候補者を公認しかつ單にこれを公表する行爲は選擧運動にあらず
しかれ共右行爲の發表に加へて當該候補者の當選に資するの意味を表はしたる時は選擧運動なりとす

一、立候補届出以前においては何人と雖も演說または推薦狀に代るの外選擧運動を爲すを得ざるものとす

一、選擧期日經過後においてなす當選謝禮の新聞廣告、又は禮狀發送の行爲は選擧運動にあらず

府(縣)會議員候補者屆（自薦屆出）

議員候補者　何　某
職　業　何々業
住　所　何府(縣)何市(何郡何町)(村)大字何(町)何番地
生年月日　何年何月何日
選　擧　昭和何年何月何日執行ノ府(縣)會議員選擧
右別紙供託ヲ證スヘキ書面相添立候補屆出候也

昭和何年何月何日

何　某　㊞

選擧長　氏　名　殿

府(縣)會議員候補員推薦屆（推薦の場合）

議員候補者　何　某

職　業　何々業
住　所　何縣何郡何村大字何番地
生年月日　明治何年何月何日生
選　擧　昭和何年何月何日執行ノ府（縣）會議員選擧
推薦屆出者　何某
住　所　何縣何郡何村大字何番地
生年月日　明治何年何月何日生
（推薦屆出者二人以上ノトキハ右ノ例ニナラヒ列記ス）
右別紙供託ヲ證スベキ書面相添推薦屆出候也
昭和何年何月何日
何　　某㊞
何　　某㊞
選擧長　氏　　名殿

府（縣）會議員候補辭退屆
議員候補者　何　　某
右辭退屆出候也
昭和何年何月何日

選擧長　氏　名殿

議員候補者　何　某　㊞

供託金制度と立候補

府縣制第十三條ノ三

一、素手では立候補は出來ぬ

從來《じうらい》の選擧《せんきよ》には賣名候補《ばいめいこうほ》や妨害候補《ばうがいこうほ》が雨後《うご》の筍《たけのこ》宜《よろ》しくと言《い》ふやうに簇出《ぞくしゆつ》し眞摯《しんし》且《か》つ神聖《しんせい》なる可《べ》き選擧界《せんきよかい》は往々之等《わうくこれら》の爲《た》めに徒《いたづ》らに攪亂《かくらん》され又《また》不眞面目《ふまじめ》にされた此《こ》の弊風《へいふう》を一掃《そう》して選擧界《せんきよかい》の眞面目《しんめんぼく》、神聖《しんせい》を維持《ゐぢ》する爲《た》めには前述《ぜんじゆつ》の議員候補者《ぎいんこうほしや》の屆出制度《とゞけいでせいど》を設《もう》け尚《な》ほ之《こ》れが屆出《とゞけいで》の附帶必要條件《ふたいひつゑうぜうけん》として供託金制度《けうたくきんせいど》を設《もう》け立候補《りつこうほ》に對《たい》し何處《どこ》までも愼重《しんてう》の態度《たいど》を要求《いうきう》したから今後《こんご》は素手《すで》では立候補《りつこうほ》は出依《でき》ぬ事《こと》になつた之《こ》れに依《よつ》て賣名《ばいめい》や妨害目的《はうがいもくてき》の敵本主義《てきほんしゆぎ》の泡沫候補《ほうまつこうほ》の濫出《らんしゆつ》は抑制《よくせい》せらるゝだらうが一面《めん》之《これ》を社會問題《しやかいもんだい》から見《み》ると將來無《せうらうむ》產階級勞働《きんかいきうろうどう》階級代表《かいきうだいへう》の候補者《こうほしや》には此《こ》の供託金《けうたくきん》に付《つ》きて少《すく》なからず立候補《りつこうほ》を抑壓《よくあつ》さるゝ事《こと》がある之《これ》は普選《ふせん》法《はふ》の中《うち》に含《ふく》まれた將來《せうらい》の研究宿題《けんきうしゆくだい》の重大《ぢうだい》なる一である而《しか》して供託金《けうたくきん》は府縣會議員選擧《ふけんかいぎいんせんきよ》は衆議院議員《ぎいんぎいん》の金《きん》貳千圓《ゑん》の十分《ぶん》の一即《すなは》ち貳百圓《ゑん》若《もし》くば之《これ》に相當《さうたう》する國債証書《こくさいせうしよ》である國債証書《こくさいせうしよ》は時價《じか》に依《よ》る者《もの》でなく額面《がくめん》で宜《よろ》しいのである

二、議員候補屆出《ぎいんこうほとゞけいで》と供託證明《けうたくせうめい》

供託金《けうたくきん》は議員候補者屆出《ぎいんこうほしやとゞけいで》の附帶必要條件《ふたいひつえうぜうけん》であるから議員候補者《ぎいんこうほしや》若《も》くば推薦者《すゐせんしや》が供託《けうたく》したと言《い》ふ供託局《けうたくきよく》の證明書《せうめいしよ》を添附《てんぷ》して屆出《とゞけいで》ぬと其《そ》の立候補《りつこうほ》の屆出《とゞけいで》は無効《むこう》である

三、供託金《けうたくきん》は選擧期日後《せんきよきじつご》はどうなる者《もの》か

此《こ》の供託金《けうたくきん》は選擧終了後《せんきよしうれうご》議員候補者《ぎいんこうほしや》に返還《へんかん》さるゝ場合《ばあひ》もあれば又府縣《またふけん》に歸屬《きぞく》する即《すなは》ち沒收《ぼうしう》さるゝ場合《ばあひ》とがある

(1)議員候補者《ぎいんこうほしや》に還付《かんぷ》さるゝ場合《ばあひ》とは

(a)議員候補者の得票數が其の選擧區の配當議員數を以て有効投票を除して得たる數の十分の一以上なる時

(b)議員候補者其の選擧に於ける議員の定數を超えざるに因り所謂無投票當選と定まりたる時

(c)議員候補者と爲りたるも選擧の期日前十一日目迄に議員候補者たる事を辭したる時

(d)投票開始前に議員候補者死亡したる時又は被選擧權を有せざるに至りたる爲議員候補者たる事を辭したる時

(e)選擧の全部無効となりたる時

(2)議員候補者《ぎいんこうほしや》に還付《かんぷ》されぬ場合《ばあひ》（請求權《せいきうけん》を喪《うしな》ふ場合《ばあひ》）とは

(a)議員候補者の得票數其の選擧區の配當議員數を以て有効投票の總數を除して得たる數の十分の一に達せざる時

(b)議員候補者の期日前十日以内に議員候補者たる事を辭した時但し被選擧權を有せざるに至りたる爲議員候補者たる事を辭したる場合を除く

若《も》し還付《かんぷ》請求《せいきう》に付《つい》て候補者《こうほしや》の得票數《とくへうすう》に付《つい》て爭《あらそひ》を生《せう》じた場合《ばあひ》は選擧訴訟《せんきよそせう》を離《はな》れた別《べつ》の民事《みんじ》訴訟《そせう》の手續《てついき》に依《よ》り之《これ》を決定《けつてい》する外《ほか》ない

四、供託書《けうたくしよ》の様式《やうしき》は自薦《じせん》の場合《ばあひ》と推薦《すゐせん》の場合《ばあひ》は其《そ》の供託《けうたく》の原因《げんいん》が違《ちが》ふ丈《だけ》で他《た》は仝《どう》一で即《すなは》ち左《さ》の通《とほ》りである

供託書（推薦ノ場合）

何府（縣）何市（郡町）……何番地

供託者　何　某

一、五分利公債證書額面貳百圓也　四枚

内　　訳

一、五拾圓券(カ)號第〇―五二四五番同第〇……番同第〇……番同第〇……番　四枚
但シ何年何月渡以降利札附
供託ノ原因
昭和何年何月何日執行ノ何府(縣)會議員選擧ニ付キ供託者ハ何府(縣)何市(郡町)……番地
何某ヲ其ノ議員候補者ニ推薦ノ屆出爲サントスルニ付キ供託ス
供託スヘキ法令ノ條項
府縣制第十三條ノ三
供託物ヲ受取ルヘキ者ノ指定又ハ之ヲ確知シ得サル事由
ナシ
反對給付ノ目的物其ノ他供託物ヲ受取ルニ付テノ條件
ナシ
裁判所其ノ他ノ官廳ノ名稱及件名
昭和何年何月何日　　　右　　何　　某　㊞
何々供託局御中
昭和二年證第何號
右日本銀行何代理店ニ於ケル供託口座ニ拂込ムヘシ
昭和何年何月何日　　　何々供託局長　氏　　名

右受入ヲ證ス
昭和何年何月何日
日本銀行何代理店

供託書（自推薦ノ場合）

何府（縣）何市（郡町）……何番地

供託者　氏　名

一金貳百圓也

供託ノ原因タル事實

昭和何年何月何日執行ノ何府（縣）會議員選擧ニ供託者ハ議員候補者ノ届出ヲナサントスルニ付キ供託ス

供託ス可キ法令ノ條項（以下前例ト同様ニ付キ省略ス）

當選人

府縣制第二十九條

一、法定の得票數こはごんな者か　投票《とうへう》が濟《す》んだ開票《かいへう》が終《たは》つた各議員候補者《かくぎいんこうほしや》の得票數《とへうすう》の計算《けいさん》

も濟《す》む茲《こゝ》に當落《たうらく》が極《き》まるが當選者《たうせんしや》としての榮冠《ゑいかん》を得《う》るには二つの條件《ぜうけん》に該當《がいたう》せねばならぬ

(イ)積極條件としては有効投票の最多數を得る事である例へば議員の定數が三人であれば最多數を得る者から順次當選者となり第四番目の者は落選者である

(ロ)消極條件としては府縣制第二十九條の規定によりて當選者たるには少くとも其の選擧區の配當議員の定數を以て有効投票の總數を除して得たる數の五分の一以上の得票ある事が必要であつて所謂之が法定得票數と言ふのであつて之れ以上の得票に達せないと前の例に於て例へ第二第三の順位となつて最多數を得たとて當選者となる事は出來ない。

二、法定得票數が同數の場合はどうする　法定《はうてい》の得票數《とくへうすう》が同數《どうすう》になつた場合《ばあひ》は年《とし》の効《こう》と龜《かめ》の甲《かう》で此《こ》の時《とき》は年長者《ねんてうしや》を取《と》つて當選者《たうせんじや》を定《さだ》める又年齢《またねんれい》が同《どう》一である場合《ばあひ》は選擧長《せんきよてう》が抽籤《ちうせん》して之《これ》を定《さだ》むる事《こと》になつて居《を》る

三、當選の承諾屆出をせぬと辭任になる　當選者《たうせんしや》が定《さだ》まると當選《たうせん》の告示《こくし》を受《う》ける當選《たうせん》の告知《こくち》を受《う》けた時《とき》は十日以内《いない》に其《そ》の當選《たうせん》を承諾《せうだく》するや否《いな》やを府縣知事《ふけんちじ》に申立《もうした》てねばならぬ若《も》し此《こ》の十日以内《いない》に承諾《せうだく》の屆出《とゞけいで》をしない場合《ばあひ》は當選人《たうせんにん》たるの意思《いし》なき者《もの》として當選《たうせん》を辭《じ》した者《もの》と看做《みな》さる又《また》一人《にん》にして數選擧區《すうせんきよく》の選擧《せんきよ》に當《あた》つた時《とき》は最終《さいしう》に當選《たうせん》の告知《こくち》を受《う》けた日から十日以内《いない》に何《いづ》れの選擧《せんきよ》に應《たう》ずるかを府縣知事《ふけんちじ》に申立《もうした》てねばならぬ一人《にん》で數選擧區《すうせんきよく》に於《た》ける議員《ぎいん》

を勤《つと》むる事《こと》は出來《でき》ないから何《いづ》れかの一を選《えら》びて承諾《せうだく》をせねばならぬ併《しか》し斯《か》る場合《ばあひ》は先《ま》づ稀《け》有《う》の事實《じじつ》である當選《たうせん》の祝《いわ》ひ酒《ざけ》に醉《よ》ふて十日以内《いない》の當選承諾《たうせんせうだく》の屆出《とゞけいで》を忘《わす》れるやうな事《こと》があるこ折角《せっかく》の選擧戰《せんきよせん》折角《せっかく》の當選《たうせん》も水泡《すゐほう》に歸《き》する當選者《たうせんしや》の注意《ちうい》す可《べ》き事《こと》である

四、候補者の最も注意す可き連坐法　折角當選《せっかくたうせん》はしても選擧犯罪《せんきよはんざい》を犯《をか》した事《こと》が發覺《はつかく》して當選《たうせん》者《しや》が處罰《しよばつ》せらるゝ事《こと》になれば當然當選《たうぜんたうせん》は無効《むこう》こなる事《こと》は自明《じめい》の理《り》であるが茲《こゝ》に注意《ちうい》す可《べ》きは當選人自身《たうせんにんじしん》の選擧犯罪《せんきよはんざい》でなく他人《たにん》の選擧犯罪《せんきよはんざい》が累《るゐ》を當選者《たうせんしや》の當選《たうせん》まで無効《むこう》にする場合《ばあひ》がある其《そ》れは選擧事務長《せんきよじむてう》が買收罪《ばいしうざい》を犯《をか》して處罰《しよばつ》せられた場合《ばあひ》で此《こ》の場合《ばあひ》は選擧事務長《せんきよじむてう》の處罰《しよばつ》丈《だ》けに止《とゞ》まらずして其《そ》んな不正手段《ふせいしゆだん》をやるやうな選擧事務長《せんきよじむてう》の手《て》によつてやられた選擧《せんきよ》は不正《ふせい》である之《これ》に依《よ》つて當選《たうせん》した當選者《たうせんしや》の當選《たうせん》も不正《ふせい》であるこ言《い》ふ理由《りゆう》で折角《せっかく》の當選《たうせん》も無効《むこう》になる之《こ》れは買收罪《ばいしうざい》丈《だ》けである買收《ばいしう》こ言《い》ふのが選擧犯罪《せんきよはんざい》の王《なう》で而《しか》も最《もつと》も排斥《はいせき》す可《べ》き選擧犯《せんきよはん》罪《ざい》であるからである併《しか》し之《こ》れは隨分當選者《ずいぶんたうせんしや》には酷《こく》な規定《きてい》である法律《はふりつ》の用語《ようご》で言《い》ふこ之《こ》れを連坐法《れんざはふ》こ言《い》ふので唯此《たゞこ》の選擧法《せんきよはふ》丈《だ》けに認《みと》めた規定《きてい》である斯《こ》う言《い》ふ酷《こく》な規定《きてい》であるから當選《たうせん》人《にん》が其《そ》の選擧事務長《せんきよじむてう》の選任《せんにん》こ監督《かんとく》に相當《さうたう》の注意《ちうい》をなした場合《ばあひ》は此《こ》の當選無効《たうせんむこう》の責《せゆ》は免《まぬか》れる

こ規定《きてい》して此《こ》の酷《こく》な規定《きてい》を緩和《かんわ》して居《を》る

承諾書

昭和何年何月何日執行シタル何府（縣）會議員選擧ニ於テ拙者當選ノ旨告知相成候ニ付別紙所屬長官ノ許可書相添承諾書提出候也

昭和何年何月何日

何府（縣）何市（何郡町）……番地

何々局書記　氏　名

許可書寫

何々局書記　氏　名

大秘第二、二五八號

昭和何年何月何日付願何府（縣）會議員就任ノ件許可ス

昭和何年何月何日

何々局長官　氏　名

可惜無効投票

府縣制第二十七條

一、注意す可き規定　選擧人《せんきよにん》が些細《ささい》な不注意《ふちうい》や又《また》法規《はうき》に暗《くら》い爲《た》めに折角《せつかく》の貴《たうと》き投票《とうへう》が可惜《あたら》無《む》

効《こう》になる場合《ばあひ》がある府縣制《ふけんせい》の第《だい》二十七條《ぜう》に斯《こ》れ斯《こ》れの投票《とうへう》は無効《むこう》となると規定《きてい》されて居《を》る

第《だい》一、成規の用紙を用ゐぬ投票は無効　何《ど》の候補者《こうほしや》に投票《とうへう》した事が判《わか》れば成規《せいき》の用紙《ようし》だらうが何《なん》だらうがよいではないか投票《とうへう》は選擧人《せんきよにん》が何々《なんく》候補《こうほ》に投票《とうへう》すると言《い》ふ意思《いし》の表示《へうし》ではないか成規《せいぎ》の用紙《ようし》でなくては無効《むこう》とするとは余《あま》りに形式論《けいしきろん》ではないか紙《かみ》の問題《もんだい》で投票《とうへう》を有《ゆう》効無効《こうむこう》とするは不當《ふたう》であると言《い》ふ議論《ぎろん》も出來《でき》ない事《こと》はないが選擧《せんきよ》は神聖公正《しんせいこうせい》でなくてはならぬから成規《せいき》の用紙以外《ようしいがい》の投票《とうへう》をも有効《いうこう》とすると其處《そこ》に種々《しゆく》なる弊害《へいがい》を生《せう》ずるから斯《こ》う嚴《げん》重《ぢう》に規定《きてい》した譯《わけ》であるから投票者《とうへうしや》は必《かなら》ず投票所《とうへうしよ》で渡《わた》された成規《せいき》の投票用紙《とうへうようし》に自書《じしよ》せねばならぬ

第《だい》二、議員候補者に非ざる者の氏名を記載したるものは無効　從來《じうらい》の選擧《せんきよ》では候補者《こうほしや》と言《い》ふのは唯《たゞ》議員候補《ぎいんこうほ》たる意思《いし》を世間《せけん》に發表《はつへう》さへすればよかつたが普選法《ふせんはふ》では議員候補者《ぎいんこうほしや》たるものは届出《とゞけいで》によつて法律上《はうりつぜう》の効力《こうりよく》が發生《はつせい》する所謂形式的《いわゆるけいしきてき》の効果《こうくわ》があるから其《そ》の届出《とゞけいで》ない候《こう》補者《ほしや》は議員候補者《ぎいんこうほしや》と言《い》ふ事《こと》は出來《でき》ない事《こと》になつた故《ゆゑ》に從前《じうぜん》では何人《なにびと》を投票《とうへう》しやうが投票《とうへう》として は有効《ゆうこう》であつた併《しか》し普選法《ふせんはふ》は候補者届出《こうほしやとゞけいで》の制度《せいど》を採用《さいよう》したから其《そ》れ以外《いがい》の者《もの》を投票《とうへう》し

ても其《そ》の投票《とうへう》は無効《むこう》である故《ゆゑ》に届出《とゞけいで》の候補者《こうほしや》の何《いづ》れも賛成《さんせい》の出來《でき》ぬ氣《き》に喰《く》はぬ候補者《こうほしや》だからと言《い》つて其《そ》の以外《いがい》の如何《いか》に徳望《とくばう》ある人格者《じんかくしや》を投票《とうへう》しても何等《なんら》の効果《こうくわ》はないから選擧人《せんきよにん》は其《そ》の候補者中《こうほしやちう》の比較的優秀者《ひかくてきゆうしうしや》を誰《た》れか一人《にん》を選《えら》びて必《かなら》ず投票《とうへう》せねばならぬ而《しか》して貴重《きてう》なる一票《へう》を有意義《いうぃぎ》ならしめねばならぬ貴《たうと》き一票《へう》を無効《むこう》とするとか又國民《またこくみん》の權利《けんり》と共《とも》に義務《ぎむ》である選擧權《せんきよけん》を理由《りゆう》なく棄權《きけん》すると言《い》ふのは非立憲國民《ひりつけんこくみん》である

第《だい》三、二人以上の氏名を記載すると無効　一投票中《とうへうちう》に議員候補者《ぎいんこうほしや》の氏名《しめい》を二人以上《にんいじやう》記載《きさい》しても無効《むこう》であるから必《かなら》ず投票《とうへう》には議員候補者《ぎいんこうほしや》の一人《にん》を選《えら》び其《そ》の一人《にん》を正確《せいかく》に記載《きさい》せねばならぬ

第《だい》四、被選擧權なき議員候補者の氏名を記載したのも無効

第《だい》五、他事を記入すると無効　議員候補者《ぎいんこうほしや》の氏名《しめい》を投票用紙《とうへうようし》に記載《きさい》する時《とき》には候補者《こうほしや》の氏名《しめい》以外《いがい》の事《こと》は何事《なにごと》も書《か》いてはならぬ爵位《しやくゐ》とか職業《しよくげふ》とか身分《みぶん》とか住所《じうしよ》とか又《また》は『何々殿《なにくとの》』『何《なに》々閣下《かくか》』等《など》の敬稱《けいせう》は記入《きにふ》しても差支《さしつかへ》はないが之等《これら》も全《まつた》く無用《むよう》の事《こと》で之等《これら》の事《こと》を記載《きさい》して居《を》ると余計《よけい》な問題《もんだい》を起《たこ》すから投票用紙《とうへうようし》には絶對《ぜつたい》に『候補者《こうほしや》の氏《うじ》と名《めい》』以外《いがい》の事《こと》は書《か》かぬ事《こと》に

せねばならぬ他事記入《たじきにふ》で無効《むかう》になる實例《じつれい》は從來《じうらい》の選擧《せんきよ》でも隨分多《ずいぶんおほ》い事《こと》であるから注意《ちうい》を要《えう》する事《こと》である

第《だい》六、自書せないこと無効　選擧人《せんきよにん》は候補者《こうほしや》の名前《なまへ》は必《かなら》ず自分《じぶん》で書《か》かねばならぬ他人《たにん》に書《か》いて貰《もら》ふ事《こと》も出來《でき》ねば又種々《またしゆく》の型等《かたらとう》を使《つか》ふこと無効《むかう》になる文字《もんじ》が下手《へた》でも何《なん》でも構《かま》はぬ漢字《かんじ》で書《か》けねば片假名《かたかな》でも平假名《ひらがな》でもローマ字《じ》でも何《なん》でも構《かも》はぬ唯候補者《たゞこうほしや》の氏名《しめい》が判《わか》れば其《そ》れでよい譯《わけ》であるどんな下手《へた》な文字《もじ》だらうが誰《た》れが書《か》いたのかそんな事《こと》の判《わか》る筈《はつ》がない

第《だい》七、議員候補者の何人を記載したるかを確認し難きものは無効　投票《とうへう》は成《な》る可《べ》く無効《むかう》にせぬやうに開票立會人等《かいへうたちあひにんとう》もあつて點檢《てんけん》はするがどう見《み》ても其《そ》の投票《とうへう》が何《ど》の候補者《こうほしや》の氏名《しめい》を書《か》いて居《を》るのかが確《たし》かに判《わか》らぬ場合《ばあひ》は、遺憾乍《ゐかんなが》ら之《これ》は無効《むかう》になる之れ《すこ》選擧人《せんきよにん》が注意《ちうい》して書《か》けば滅多《めつた》に確認《かくにん》の出來《でき》ぬやうな場合《ばあひ》はない筈《はつ》であるが從來《じうらい》の選擧《せんきよ》の經驗《けいけん》によること此《こ》の確認《かくにん》し難《がた》き場合《ばあひ》は選擧人《せんきよにん》が投票《とうへう》を遊戲視《ゆうぎし》し又《また》は茶化《ちやくわ》して譯《わけ》の判《わか》らぬ名前等《なまへとう》を書《か》いて故意《こい》に判《わか》らぬやうにした弊《へい》がある尤《もつと》も普選法《ふせんはふ》では候補者《こうほしや》の屆出制度《とゞけいでせいど》を採《と》つたから候補者《こうほしや》が明《あきらか》にされて居《を》るから確認《かくにん》し難《がた》い投票《とうへう》は著《いちゞる》しく減《へ》るであらう

第《だい》八、府縣會議員の職に在る者の氏名を記載すれば無効　之《こ》れは現在府縣會議員《げんざいふけんかいぎいん》の現職《げんしよく》にある者《もの》を又投票《またとうへう》した場合《ばあひ》は無効《むこう》である之《こ》れは當然《たうぜん》で現在其《げんざいそ》の議員《ぎいん》にある者《もの》を投票《とうへう》した所《ところ》が何《なん》の必要《ひつやう》もない此《こ》の場合《ばあひ》は總選擧《そうせんきよ》の場合等《ばあひなど》には必要《ひつやう》のない規定《きてい》でこれは補欠選擧《ほけつせんきよ》とか再選擧《さいせんきよ》の場合《ばあひ》になると現職《げんしよく》にある人《ひと》があるから此《こ》の規定《きてい》が必要《ひつやう》である

無投票當選（無競爭當選）

府縣制第二十九條ノ三

一、普選法の新しい規定

普選法《ふせんはふ》の一特色《とくしよく》として無投票當選《むとうへうたうせん》（或《あるひ》は無競爭當選《むけうそうたうせん》）が出來《でき》た即《すなは》ち自主屆出又《じしゆとゞけいでまた》は推薦屆出《すゐせんとゞけいで》に依《よ》りて議員候補者《ぎいんこうほしや》となつた者《もの》の總數《そうすう》が結局《けつきよく》に於《たい》て其《そ》の選擧區《せんきよく》に於《た》ける議員《ぎいん》の定數《ていすう》を超《こ》えない時《とき》は其《そ》の選擧區《せんきよく》では投票《とうへう》は行《おこな》はずに其《そ》の候補者《こうほしや》を以《もつ》て當選者《たうせんしや》とする事《こと》にした

一、無用の手數を省略

無投票當選《むとうへうたうせん》は如何《いか》なる理由《りゆう》で設《もう》けられたかと言《い》ふに選擧區《せんきよく》に於《たい》て屆出《とゞけいで》あつた候補者《こうほしや》の數其《すうそ》

の選舉《せんきよ》に於《た》ける議員《ぎいん》の定數《ていすう》を超《こ》えない場合《ばあひ》に於《たい》ては投票《とうへう》の結果《けつくわ》其《そ》の候補者《こうほしや》が當選人《たうせんにん》となる可《べ》きは殆《ほとん》ど疑《うたがひ》の余地《よち》のない現象《げんせう》である併《しか》しながら從來《じうらい》の選舉法《せんきよはふ》では矢張《やは》り此《こ》の場合《ばあひ》にも投票《とうへう》せねば當選《たうせん》は出來《でき》なかつたから無用《むよう》な事《こと》ながら投票《とうへう》をした而《しか》して多數《たすう》の時間《じかん》の費用《ひよう》と手數《てすう》を要《えう》した而《しか》して其《そ》の結果《けつくは》は同《たな》じであつた之《こ》の煩雜《はんざつ》を略《りやく》する爲《た》めに選舉《せんきよ》は投票《とうへう》による大《だい》原則《げいそく》に對《たい》する唯《ゆゐ》一の例外規定《れいがいきてい》を設《もう》けたのである之《こ》れに對《たい》しては學者《がくしや》の反對說《はんたいせつ》も隨分《ずゐぶん》ある

二、無投票當選の手續（府縣制第二九條ノ三ノ第二項）

前述《ぜんじゆつ》の如《ごと》く投票《とうへう》を行《おこな》ふ必要《ひつにう》のない場合《ばあひ》は選舉長《せんきよてう》は直《たいち》に其《そ》の旨《むね》を投票管理者《とうへうかんりしや》に通知《つうち》し併《あは》せて之《これ》を告示《こくし》し且《か》つ府縣知事《ふけんちじ》に報告《ほうこく》する選舉長《せんきよてう》は選舉《せんきよ》の期日《きじつ》から五日以內《いない》に選舉會《せんきよかい》を開《ひら》き議員《ぎいん》候補者《こうはしや》を以《もつ》て當選者《たうせんしや》とする併《しか》し此《こ》の場合《ばあひ》重大《ぢうだい》な事《こと》は其《そ》の候補者《こうほしや》が被選舉權《ひせんきよけん》を有《いう》して居《を》るか否《いな》かの問題《もんだい》であるから選舉長《せんさよてう》は選舉立會人《せんきよたちあひにん》の意見《いけん》を聽《き》き之《これ》を決定《けつてい》せねばならぬ

三、無競爭《むけうそう》で當選《たうせん》した先例《せんれい》

普選法《ふせんほう》では各府縣《かくふけん》とも各種《かくしゆ》の新興勢力《しんこうせいりよく》の擡頭《だいよう》と有權者數《ゆうけんしやすう》の激增《げきそう》で各選舉區《かくせんきよく》とも無競爭當選《むけうそうたうせん》等言《などい》ふ場合《ばあひ》は先《ま》づあるまいが從來《じうらい》の例《れい》に依《よ》ると隨分《ずいぶん》無競爭《むけうそう》で當選《たうせん》した選舉區《せんきよく》も決《けつ》して少《すくな》く

はない大正《たいせう》十二年《ねん》施行《しつこう》の府縣會議員選擧《ふけんかいぎいんせんきよ》の三十九府縣《ふけん》に付《つ》き無競爭《むけうそう》で當選《たうせん》した選擧區《せんきよく》は次《つぎ》の通《とほ》である

區分	無競爭當選選擧區數	選擧區總數
一人區	九四	四四三
二人區	四三	一九四
三人區	一四	九九
四人區	五	四六
五人區	一	一五
計	一五七	七九七

選擧事務所

府縣制施行令第十七條

一、選擧事務所《せんきよじむしよ》は舊選擧法《きうせんきよはふ》では何等《なにら》の制限《せいげん》も取締《とりしまり》もなかつたから無闇《むやみ》に數多《かずたほ》く設《もう》けた弊《へい》があつたが普選法《ふせんはふ》では嚴重《げんぢう》に之《これ》を制限《せいげん》した府縣會議員選擧《ふけんかいぎいんせんきよ》の選擧事務所《せんきよじむしよ》に付《い》いては次《つぎ》の制限規《せいげんき》定《てい》があるから之《こ》れが制限《せいげん》は絶對《ぜつたい》に超過《てうくわ》する事《こと》は許《ゆる》されない又共同選擧事務所《またけうどうせんきよじむしよ》は差支《さしつかへ》ない

『選擧事務所《せんきよじむしよ》は議員候補者《ぎいんこうほしや》一人《にん》に付《つき》選擧區《せんきよく》の配當議員數《はいとうぎいんすう》を以《もつ》て選擧人名簿《せんきよにんめいぼ》確定《かくてい》の日《ひ》に於《たい》て之《これ》に登錄《とうろく》せられた者《もの》の總數《そうすう》を除《ぢよ》して得《ゑ》たる數《すう》一萬以上《まんいぜう》なる時《とき》は三個所《かしよ》一萬未滿《まんみまん》の時《とき》は二個《か》所《しよ》を超《こ》ゆる事《こと》を得《ゑ》ず』とある

二、事務所《じむしよ》の設置權《せつちけん》　選擧事務所《せんきよじむしよ》の設置《せつち》は選擧事務長《せんきよじむてう》のみが爲《な》し得《う》る者《もの》で他《た》の者《もの》は之《これ》を設置《せつち》する事《こと》は許《ゆる》されない選擧事務長《せんきよじむてう》が選擧事務所《せんきよじむしよ》を設置《せつち》した場合《ばあひ》は直《たゞち》に屆出《とゞけいで》をせねばならぬ又《また》事務所《じむしよ》を閉鎖《へいさ》するとか移轉《ゐてん》した所謂異動《いわゆるいどう》した場合《ばあひ》も必《かなら》ず所轄《しよかつ》の警察署《けいさつしよ》に屆出《とゞけいで》ねばならぬ

二、設置場所《せつちばしよ》の制限《せいげん》　選擧《せんきよ》の當日《たうじつ》に限《かぎ》つて投票所《とうへうしよ》の場所《ばしよ》の入口《いりくち》から三町以內《ていない》の區域《くゐき》には選擧《せんきよ》事務所《じむしよ》を設《まう》ける事《こと》は出來《でき》ない又《また》事務《む》所《しよ》以外《いがい》に休憩所又《きいけいしよまた》は其《そ》れに類似《るゐじ》した設備《せつび》をする事《こと》も一切嚴禁《さいげんきん》されて居《を》る故《ゆゑ》に選擧期日前《せんきよきじつせん》は三町以內《ていない》に事務所《じむしよ》を設置《せつち》しても矢張《やは》り當日《たうじつ》は他《だ》に移轉《ゐてん》せねばならぬ茲《こゝ》に言《い》ふ三町以內《ていない》の距離《きより》の制限並《せいげんならび》に選擧運動《せんきようんどう》の爲《た》めにする文書圖書《ぶんしよづぐわ》に關《かん》する內務省令第《ないむせうれいだい》四條五條《ぜう》の距離制限《きよりせいげん》は直徑《ちよくけい》により算定《さんてい》するや又《また》は道路線《どうろせん》によるやは直徑《ちよくけい》により算定《さんてい》するものにして直徑《ちよくけい》三町以內《ていない》にして道路《どうろ》の距離《きより》ではない

四、選擧事務所《せんきよじむしよ》は選擧事務長以外《せんきよじむてういがい》の者《もの》は濫《みだ》りに設置《せつち》する事《こと》は許《ゆる》されぬ法定數以上《はふていすういぜう》の事務所《じむしよ》を

設置《せつち》するこか或《あるひ》は選舉事務長《せんきよじむてう》でない者《もの》が事務所《じむしよ》を設置《せつち》した場合《ばあひ》は東京府《とうけうふ》では警視總監其他《けいしそうかんそのた》の地方《ちはう》では地方長官《ちはうてうかん》は其《そ》の前者《ぜんしや》には閉鎖《へいさ》を命《めい》じ後者《こうしや》にありては其《そ》の超過數《てうくわすう》の事務所《じむしよ》の閉鎖《へいさ》を命《めい》ずる事《こと》が出來《でき》る之《これ》に從《したが》はぬこ選舉違反《せんきよゐはん》になる

五　事務所に關する罰則

(1)選舉事務所數超過罪《せんきよじむしよすうてうくわざい》（衆法第一三〇條）で參百圓以下《ゑんいか》の罰金《ばつきん》

(2)選舉當日禁止區域內《せんきよたうじつきんしくゐきない》の事務所設置罪《じむしよせつちざい》（仝前）

(3)休憩所又《きうけいしよまた》は類似設備《るゐじせつび》の設置罪《せつちざい》（仝前）

(4)選舉事務長以外《せんきよじむてういがい》の者《もの》の事務所濫設罪《じむしよらんせつざい》

六、事務所屆出書式

選　舉　事　務　所　設　置　屆

何府（縣）會議員候補者何某ノ選舉事務所ヲ左記ノ個所ニ設置致候ニ付此段及御屆候也

記

一、所　在　地　　何市何町何番地

一、設置年月日　　昭和何年何月何日

昭和何年何月何日

選擧事務長　何　　某　㊞

何警察署長　氏　　名殿

選擧事務所異動屆

何府(縣)會議員候補者何某ノ選擧事務所ヲ左記ノ通閉鎖(移轉)致シ候ニ付此段及御屆候也

記

一、閉鎖(移轉)年月日　　昭和年月日

一、所在地　　何市町番地

一、移轉先　　何市町番地

昭和　年　月　日

選擧事務長　何　　某　㊞

何警察署長　何　　某　殿

選擧事務長

選擧の勝敗は一に選擧事務長にある

一、選擧事務長は參謀長である

從來《じうらい》の選擧《せんきよ》には必《かなら》ず候補者《こうほしや》には一人《にん》の參謀長格《さんぼうてうかく》の人《ひと》が選擧事務所《せんきよじむしよ》と言《い》ふ本陣《ほんちん》に据《すわ》つて一切《さい》の選擧戰《せんきよせん》の釆配《さいはい》を振《ふ》つた普擧法《ふせんはふ》では選擧運動《せんきよらんどう》の方法《はうはふ》を取締《とりしま》る必要上《ひつにうぜう》此《こ》の參謀長格《さんぼうてうかく》の人《ひと》を選擧事務長と稱《せう》し議員候補者《ぎいんこうほしや》又《また》は推薦者《すゐせんしや》は必《かなら》ず一名《めい》の選擧事務長《せんきよじむてう》を選任屆出《せんにんとゞけ》づる事《こと》に規定《きてい》したのである而《しか》して選擧事務長《せんきよじむてう》を選擧《せんきよ》の中心《ちうしん》とした又取締《またとりしまり》の方面《はうめん》からも亦之《またこれ》を中心《ちうしん》とした

二、選擧事務長の資格

選擧事務長《せんきよじむてう》たるものは選擧有權者《せんきよゆうけんしや》でなくてはならぬ選擧權《せんきよけん》のないやうな人物《じんぶつ》に之《こ》れ丈《だ》け重《ぢう》大《だい》な責任《せきにん》を負擔《ふたん》させる事《こと》は穩當《たんたう》でないと言《い》ふ趣旨《しゆし》である又議員候補者《またぎいんこうほしや》自身《じしん》が選擧事務長《せんきよじむてう》と

なる事《こと》は差支《さしつかへ》ないが實際《じつさい》に於《おい》ては議員候補者《ぎいんこうほしや》は候補者《こうほしや》こして政見發表《せいけんはつぺう》の言論戰《げんろんせん》其《そ》の他《た》の活動《かつどう》を要《えう》するから到底選擧事務長《たうていせんきよじむてう》こ言《い》ふ重大《ぢうだい》な而《しか》も繁雜《はんざつ》な事務《じむ》迄獨《までひと》りで遂行《つひこう》する事《こと》は容易《ようい》の事《こと》でない

三、事務長の選任こ候補者の注意

選擧事務長《せんさよじむてう》は選擧《せんきよ》の中心《ちうしん》であるから政戰《せいせん》の勝敗《せうはい》は一に選擧事務長《せんきよじむてう》に其《そ》の人《ひと》を得《う》るこ得《ゑ》ざるこによるこ言《い》つてよい而《しか》して選擧《せんきよ》の一切《さい》の統轄《とうかつ》をなす者《もの》で而《しか》も選擧事務長《せんきよじむてう》の選擧犯罪《せんきよはんざい》は時《とき》こ場合《ばあひ》に依《よ》つて累《るゐ》を議員候補者《ぎいんこうほしや》に及《およ》ぼす事《こと》もある位《くらゐ》であるから候補者《こうほしや》たる者《もの》は選擧事務長《せんきよじむてう》の人選《じんせん》に付《つ》きては細心《さいしん》の注意《ちうい》が必要《ひつえう》である、共同事務所《けうどうじむしよ》に共同《けうどう》の選擧事務長《せんきよじむてう》は差支《さしつかへ》ない

四、選擧事務長の權限並に事務

一、選擧事務所は選擧事務長以外の者は設置する事は出來ぬ

二、選擧委員及び選擧事務員なる運動員は事務長でなくては選任は出來ぬ亦之等の解任も事務長でなくては許されぬ

三、選擧運動費用の支出はたこへ議員候補者でも自由獨斷では出來ぬ一切選擧事務長の承諾がなくては支出は出來ぬ

四、選擧事務長は選擧事務所の設置廢止其他の異動を屆出づる義務がある

五、選舉事務長は選舉委員事務員の選任及異動の屆出をせねばならぬ
六、選舉事務長は法定の帳簿を備付け選舉運動費用の記載をせねばならぬ
七、選舉事務長は選舉費用の精算をして之を地方長官に屆出でねばならぬ
八、選舉事務長は選舉費用に關する帳簿及書類を一ヶ年間保存せねばならぬ
九、選舉事務長は選舉運動の費用に關する帳簿及書類の提出と之が說明の義務がある

五、選舉事務長選任屆出

議員候補者《ぎいんこうほしや》又《また》は推薦者《すゐせんしや》が選舉事務長《せんきよじむてう》を選任《せんにん》したる時《とき》は直《たゞち》に此《こ》の旨《むね》を選舉區內《せんきよくない》の警察官署《けいさつかんしよ》に屆出《とゞけいで》ねばならぬ若《も》し仝《どう》一の選舉區內《せんきよくない》に二ヶ以上《いぜう》の警察官署在《けいさつかんしよあ》る時《とき》は其《そ》の何《いづ》れに出《だ》すも自由《じゆう》である

選舉有權者《せんきよいうけんしや》でなくては選舉事務長《せんきよじむてう》に選任《せんにん》さるゝ資格《しかく》がないから屆出《とゞけいで》の場合《ばあひ》は其《そ》の選舉事務《せんきよじむ》長《てう》が選舉權者《せんきよけんじや》であると言《い》ふ市町村長《していそんてう》の證明書《せうめいしよ》が必要《ひつやう》である此《こ》の屆出《とゞけいで》を怠《たこた》ると事務長選任屆《じむてうせんにんとゞけ》懈怠罪《げたいざい》で百圓以下《ゑんいか》の罰金《ばつきん》に處《しよ》せらる（衆一三二條）

六、選舉事務長と關係の罰則

(1)事務所の設置異動運動員の異動屆懈怠罪（衆第一三二條で）百圓以下の罰金に處せらるゝ
(2)運動費用超過支出罪（衆第一三三條）で一年以下の禁錮又は五百圓以下の罰金
(3)運動費用不法支出罪（衆第一三四條）で一年以上の禁錮

(4)運動費用帳簿不備罪（衆第一三五）六月以下の禁錮又は三百圓以下の罰金
(5)精算屆不備罪（同前）
(6)帳簿及書類廢棄罪（同前）
(7)帳簿書類虚僞記入罪（同前）
(8)帳簿書類の提出及檢査拒否罪（同前）
(9)事務所委員事務員の濫設罪（事務長でなくば事務所の設置も委員事務員の選任は許されぬから選擧事務長以外の者が濫りに設けた場合は選擧違反）（衆第一三一條）六月以下禁錮又は三百圓以下の罰金

選擧事務長選任屆

何府（縣）市町何番地

職業　氏名

生年月日

右昭和何年何月何日何府（縣）會議員候補者何某選擧事務長トシテ選任候ニ付キ別紙證明書（承諾書）相添ヘ此段及御屆候也

昭和何年何月何日

何府（縣）市町番地

右選任者（議員候補者／推薦屆出者）何某㊞

何警察署長　氏名殿

選舉事務長異動屆

何府(縣) 何市 番地
職業 何
某
生年月日

右者昭和 年 月 日何府(縣)會議員候補者何某ノ選擧事務長解任致候ニ付別紙解任通知ヲ爲シタルコトヲ證ス可キ書面相添ヘ此段及御屆候也

昭和 年 月 日

選任者 議員候補者(又ハ推薦屆出者)
何 某 ㊞

何警察署長 氏 名 殿

辭任通知書

拙者儀

是迄何府(縣)會議員候補者何某殿ノ選擧事務長トシテ選擧運動ニ從事致居候處都合ニ依リ昭和 年 月 日限リ辭任致候間此段及御通知候也

昭和 年 月 日

選擧事務長 何 某 ㊞

選任者 何 某 殿

一、再選舉と選舉事務長（内務司法兩省ノ決定）

選舉《せんきよ》の一部《ふ》無効《むこう》となり更《さら》に行《おこな》ふ選舉《せんきよ》の場合《ばあひ》は其《そ》の區域《くゐき》の如何《いかん》に拘《かゝは》らず選舉運動《せんきよううんどう》は前《まへ》の選舉《せんきよ》運動《うんどう》に對《たい》し常《つね》に別個獨立《べつこどくりつ》のものと認《みと》むる結果《けつくわ》、新《あら》たに選舉事務長《せんきよじむてう》の選任《せんにん》を要《いう》するものとす

一、選舉事務長《せんきよじむてう》に故障《こせう》ある場合《ばあひ》は其《そ》の職務《しよくむ》の代行者《だいこうしや》を選任《せんにん》する職務代行者《しよくむだいこうしや》の權限《けんぐ》は選舉事務《せんきよじむ》長《てう》と同樣《どうやう》である（選舉事務長《せんきよじむてう》に故障《こせう》ありや否《いな》やは客觀的事實《きやくかんてきじじつ》により之《これ》を決《けつ》す可《べ》きものである但《たい》し實際《じつさい》の運用《うんよう》としては其《そ》の職務《しよくむ》を代行《だいこう》すべき地位《ちゐ》にあるものに於《たい》て一應《たう》これを認定《にんてい》す可《べ》きものである）

選舉事務長ノ職務代行屆

何府縣會議員候補者何某
選舉事務長　府　某

右者今般病氣（旅行）（……）ノ爲選舉事務長ノ職務執行致シ難〆（又其選任者タル推薦屆者何某モ亦病氣（旅行）（……）ノ爲メ職務執行致シ難〆）候ニ付キ昭和年月日ヨリ拙者ニ於テ其ノ職務ヲ代行致候條別紙書面（故障ノ生ジタルコトヲ證ス可キモノ）相添ヘ此段及御屆候也

昭和　年　月　日

選任者（候補者）　何　某　㊞

何警察署長　氏　名　殿

選舉事務長職務代行廢罷屆

何府(縣)會議員候補者何某

選舉事務長　何　　某

右者過般來病氣(旅行)(其他故障ノ事實ノ爲(又其ノ選任者タル推薦屆出者何某モ亦(旅行)(其他故障ノ事實)ノ爲メ職務執行致シ難ク拙者ニ於テ代行致居候處病氣全快(歸鄕)(故障止ミタル事實)(又其推薦屆出者何某モ亦故障ノ止ミタル事實)致シ居候ニ付キ昭和年　月　日ヨリ職務代行ヲ罷メ候條書面(故障ノ止ミタル事ヲ證ス可キ)相添此段及御屆候也

選任者(推薦屆出者候補者)　何　　某　㊞

何警察署長　氏　　名　殿

解任通知書

貴殿從來何府(縣)會議員候補者何某ノ選擧事務長トシテ選擧運動ニ從事セラレ居候處都合ニ依リ昭和　年　月　日限リ解任致候間此段及御通知候也

昭和　年　月　日

選任者議員候補者(推薦者屆出者)　何　　某　㊞

選擧事務長　何　　某　殿

承諾書

何市　町　番地

職業

選擧事務長　何　某

生年月日

右解任ヲ承諾候也

昭和　年　月　日

議員候補者　何　某　㊞

選擧委員及事務員（法定運動員）

府縣制施行令第十八條

一、法定の運動員　舊法《さうはふ》の選擧《せんきよ》では選擧運動員《せんきようんどういん》には何等《なにら》の資格《しかく》も制限《せいげん》もなく全《まつた》く放任《はうにん》されたが普選法《ふせんはふ》では選擧運動《せんきようんどう》を爲《な》す者《もの》を選擧委員《せんきよゐいん》及《たよ》び選擧事務員《せんきよじむいん》と言《い》ふ名稱《めいせう》を附《ふ》し其《そ》の資格《しかく》は必《かなら》ず選擧權《せんきよけん》を有《ゆう》する人《ひと》で從來《じうらい》の如《ごと》く選擧權《せんきよけん》なき者《もの》でも運動員《うんどういん》になると言《い》ふやうな事《こと》は出來《でき》ない事《こと》になつたので從來《じうらい》の選擧運動員《せんきようんどういん》の如《ごと》きいかがはしい人物《じんぶつ》は選擧運動《せんきようんどう》から一掃《さう》される事《こと》

になる

尤《もつと》も茲《こゝ》に言《い》ふ法定運動員《はふていうんどういん》の資格《しかく》である選舉權《せんきよけん》を有《ゆう》する者《もの》でなくてはならぬ選舉權《せんきよけん》を有《ゆう》せない者《もの》は出來《でき》ない此《こ》の選舉權《せんきよけん》を有《ゆう》せない者《もの》と言《い》ふのは選舉權《せんきよけん》なきものと言《い》ふ義《ぎ》であるからたとへ選舉人名簿《せんきよにんめいぼ》に登錄《とうろく》されず又《また》は選舉人名簿《せんきよにんめいぼ》に登錄《とうろく》さる可《べ》き確定判決書《かくていはんけつしよ》を有《い》せずと言《い》へどもこれのみを以《もつ》て直《たゞち》に選舉權《せんきよけん》を有《ゆう》せない者《もの》と言《い》ふ事《こと》は出來《でき》ない（司法内務兩省の決定）

前述《ぜんじゆつ》のやうに選舉委員《せんきよゐいん》選舉事務員《せんきよじむいん》たる者《もの》は選舉權者《せんきよけんしや》でなくては出來《でき》ないから之等《これら》の選任屆《せんにんとゞけ》を選舉事務長《せんきよじむてう》が屆出《とゞけい》づる場合《ばあひ》には之等《これら》の運動員《うんどういん》が選舉有權者《せんきよゆうけんしや》である證明書《せうめいしよ》を添附《てんぷ》せねばならぬ

二、選舉委員選舉事務員の定數　舊法《きうはふ》では選舉運動員《せんきよううんどういん》の數《すう》は無制限《むせいげん》であつたから有權者全部《ゆうけんしやぜんぶ》を選舉運動員《せんきようんどういん》にして公然《こうぜん》と實費《じつひ》を給《きう》し辨當《べんとう》を食《くわ》せそうして法網《はふもう》を潜《くゞ》つた事《こと》があつたが普選《ふせん》法《はふ》は其《そ》の數《すう》を制限《せいげん》した府縣會議員選舉《ふけんかいぎいんせんきよ》の場合《ばあひ》は代議士選舉《だいぎしせんきよ》の場合《ばあひ》と其《そ》の運動員《うんどういん》の數《すう》も少數《せうすう》にて事足《ことた》るから之《これ》を參酌《さんしやく》して次《つぎ》のやうな規定《きてい》をして居《を》る

『選舉委員及ビ選舉事務員ハ議員候補者一人ニ付キ選舉區ノ配當議員數ヲ以テ選舉人名簿確定ノ日ニ於テ之ニ登錄セラレタル者ノ總數ヲ除シテ得タ數壹萬以上ナル時ハ通シテ

二十人ヲ一萬未滿ナル時ハ通シテ十五人ヲ超ユル事ヲ得ズ』こ

三、選擧委員こ選擧事務員の差異　選擧委員《せんきよゐいん》も事務員《じむいん》も仝《おな》じく選擧事務長《せんきよじむてう》に隷屬《れいぞく》して選擧運動《せんきよううんどう》に從事《じうじ》する政戰々鬪員《せいせんくとういん》たる點《てん》は仝一《どう》であるが委員《ゐいん》は主《しゆ》こして選擧運動《せんきよううんどう》の樞機《すうき》に參與《さんよ》する者《もの》で事務員《じむいん》は主《しゆ》こして刀筆《とうひつ》の役《やく》を勤《つと》むる者《もの》である故《ゆゑ》に事務員《じむいん》は報酬《ほうしう》を受《う》くる事《こと》が出來《でき》るが委員《ゐいん》は決《けつ》して報酬《ほうしう》を受《う》くる事《こと》は許《ゆる》されぬ選擧事務長《せんきよじむてう》は之等《これら》の運動員《うんどういん》を選任《せんにん》する場合《ばあひ》には能《よ》く其《そ》の適不適《てきふてき》を見《み》て人選《じんせん》す可《べ》く又敵黨《またてきたう》の間者《かんじや》が這入《はい》り込《こ》む場合《ばあひ》がある之等《これら》の者《もの》は相當《さうとう》の所《しよ》罰《ばつ》は受《う》くるも人選《じんもん》の場合《ばあひ》には細心《さいしん》の注意《ちうい》を要《よう》する

委員《ゐいん》が事務員《じむいん》を兼《か》ねて報酬《ほうしう》を受《う》くるは差支《さしつかへ》ない

四、運動員に關する罰則

(1)運動員超過罪《うんどういんてうくわざい》（法定《ほうてい》の運動員《うんどういん》を超過《てうくわ》したる時《とき》は衆議院選擧法第百《しうぎいんせんきよはふだい》三十條《ぜう》に依《よ》り百圓以下《ゑんいか》の罰金《ばつきん》）

(2)無資格者運動員《むしかくしやうんどういん》こなる罪《つゐ》（選擧權者《せんきよけんしや》でない者《もの》が運動員《うんどういん》こなつた場合《ばあひ》も仝第百《どうだい》三十一條《ぜう》により六ケ月以下《げついか》の禁錮《きんこ》又《また》は參百圓以下《ゑんいか》の罰金《ばつきん》）

五、選擧《せんきよ》委員《ゐいん》及《および》事務員《じむいん》の届出樣式《とゞけいでやうしき》は次《つぎ》の通《とほ》である

選擧委員（事務員）選任屆

何市　町　番地

職業　氏　名

生年月日

右者昭和何年何月何日何府（縣）會議員候補者何某ノ選擧委員（事務員）トシテ選任致候ニ付別紙證明書（選擧權ヲ有スル證明）相添ヘ此段及御屆候也

昭和何年何月何日

何市　町　番地

右選任者

選擧事務長　氏　名　㊞

何警察署長　氏　名殿

選擧委員（事務員）異動屆

何市何町何番地

職業　何　某

生年月日

右者昭和年月日何府(縣)會議員候補者何某ノ選擧委員(事務員)解任(辭任)致候ニ付キ別紙(解任通知ヲナシタルコトヲ證ス可キ書面)(解任通知書)承諾書相添ヘ此段及御屆候也

昭和　年　月　日

選擧者　選擧事務長　何　某㊞

何警察署長　氏　名殿

一、選擧委員《せんきよゐいん》及《および》選擧事務員《せんきよじむいん》も亦《また》選擧事務長《せんきよじむてう》こ仝樣《どうやう》選擧人名簿《せんきよにんめいぼ》に登錄《とうろく》されて居《を》る者《もの》でなくては資格《しかく》がないから此等《これら》運動員《うんどういん》の屆出《とゞけいで》を爲《な》す時《とき》は其《そ》の者《のも》の有權者《ゆうけんしや》なる証明《せうめい》を得ねばならぬ

證明願

住所

職業　氏　名

生年月日

右者昭和何年何月何日執行ノ何府(縣)會議員選擧有權者タルニ相違ナキコトヲ御證明相成度

此段及御願候也

昭和何年何月何日

右　氏　名㊞

何々市町村長　氏　名殿

之の證明願を屆出すと市町村長は次の如き證明書を交付する

證明第　　號

證明書

住所

職業　氏名

右當府（縣）會議員ノ選擧權ヲ有スル者ナルコトヲ證明ス

何々市（町村）長　氏名

一、大正《たいせう》十二年《ねん》府縣《ふけん》會議《かいぎ》員《いん》選擧《せんきょ》に於《お》ける運動員數《うんどういんすう》

議員定數	候補者數	運動員數	議員候補者一人に對する運動員數		
			最多	最少	平均
一、四五〇	二、二七三	五一九、七六一	三、四四三	一	二、二四八

宣傳の文書圖畫

内務省令第五號（大正十五年二月三日）

内務省令第二十一號（大正十五年六月二十四日）

一、選擧運動《せんきょうんどう》の方法《はうはふ》が文書戰《ぶんしょせん》と言論戰《げんろんせん》の二戰術《せんじゅつ》に制限《せいげん》された以上《いぜう》は宣傳《せんでん》の文書《ぶんしょ》や圖畫《づぐわ》の數《すう》が

自然《しぜん》多《たは》くなる而《しか》して又之等《またこれら》の宣傳運動《せんでんうんどう》は其《そ》の効果《こうくわ》も亦《また》著《いちじる》しい者《もの》である隨《したがつ》て之《これ》が取締《とりしまり》と制限《せいげん》が必要《ひつやう》になる衆議院《しうぎいん》議員選擧《ぎいんせんきよ》に關《かん》し內務大臣《ないむだいじん》は內務省令第《ないむせうれいだい》五號《ごう》を以《もつ》て其《そ》の形式《けいしき》と數量《すうれう》と頒布方法《はんふはうはふ》に制限《せいせん》を設《もう》け之《これ》に違反《ゐはん》する者《もの》は百圓《ゑん》以下《いか》の罰金《ばつきん》を科《くわ》する事《こと》になつて居《を》る

府縣會議員選擧《ふけんかいぎいんせんきよ》に付《つい》ては仝內務省令第《どうないむせうれいだい》二十一號《ごう》を以《もつ》て衆議院議員選擧《しうぎいんぎいんせんきよ》の場合《ばあひ》と仝《どう》一の取締《とりしまり》を爲《な》す事《こと》を命《めい》じてをる唯府縣會議員選擧《たゞふけんかいざいんせんきみ》の場合《ばあひ》は立札看板類《たてふだかんばんるゐ》の數《すう》が代議士《だいぎし》は一人《にん》に對《たい》して百個以內《こいない》なるに反《はん》し府縣會《ふけんかい》の場合《ばあひ》は三十個以內《こいない》の差異《さい》ある丈《だ》けで他《た》は仝《だう》一の制限《せいげん》を受《う》くる者《もの》である

取締制限《とりしまりせいげん》の方法《はうはふ》は次《つぎ》の通《とほ》りである

(1)選擧運動《せんきよううんとう》の爲《た》め文書圖畫《ぶんしよづぐわ》（信書《しんしよ》を除《のぞ》く）を頒布又《はんぶまた》は掲示《けいし》する者《もの》は表面《へうめん》に其《そ》の頒布《はんぶ》する人《ひと》の住所《じうしよ》と氏名《しめい》とを書《か》く事但《ことたゞ》し名刺及選擧事《めいしたよびせんきよじ》務所《むしよ》に掲示《けうし》するものは之《こ》の限《かぎり》でない

(2)頒布《はんぶ》又《また》は掲示《けいし》の引札張札《ひきふだはりふだ》の類《るゐ》は二度《ど》刷又《ずりまた》は二色以下《しよくいか》で其《そ》の長《なが》さ『三尺《じやく》一寸《すん》』幅《はば》『二尺《しやく》一寸《すん》』を越《こ》える事《こと》は許《ゆる》されない

(3)選擧運動用《せんきよううんどうよう》の名刺《めいし》は『白色《はくしよく》』に限《かぎ》る從來《じうらい》は色々《いろく》の色刷《いろずり》があつたが之《こ》れは許《ゆろ》されぬ

(4)選擧《せんきよ》の爲《た》めに頒布《はんぷ》する文書圖畫《ぶんしよづぐわ》の類《るゐ》は投票日《たうへうび》の當日《たうじつ》に限《かぎ》り投票所《とうへうしよ》の入口《いりくち》から三町以《てうい》内《ない》に頒布《はんぷ》する事《こと》は出來《でき》ぬ

(5)文書圖畫《ぶんしよづぐわ》は飛行機《ひこうき》か飛行船等《ひこうせんとう》の航空機《こうくうき》を以《もつ》て頒布《はんぷ》する事《こと》は出來《でき》ぬ

(6)張札立札看板等《はりふだたてふだかんばんとう》は承諾《せうだく》を得《え》ずして他人《たにん》の所有地《しよゆうち》又《また》は工作物《こうさくぶつ》へ掲示《けいし》する事《こと》は出來《でき》ぬ

(7)選擧運動《せんきよううんどう》の爲《た》めに立《た》てる看板《かんばん》の位置《ゐち》は選擧《せんきよ》の事務所《じむしよ》の入口《いりくち》から一町以《てうい》内《ない》に於《たい》ては選擧事《せんきよじ》務所《むしよ》一個所《かしよ》に付通《つきつう》じて二個所《かしよ》を超《こ》ゆる事《こと》を得《え》ずと規定《きてい》してある

(8)府縣會議員選擧《ふけんかいぎいんせんきよ》に於《たい》て選擧運動《せんきようんどと》の爲使《ためし》用《よう》する立札看板類《たてふだかんばんるゐ》の數《すう》は議員候補者《ぎいんこうほしや》一人《にん》に付通《つきつう》じて三十個《こ》を超《こ》ゆる事《こと》は出來《でき》ない（衆議院《しうぎいん》の場合《ばあひ》は百個以内《こいない》と規定《きてい》してある）

二、文書圖畫に關《かん》する内務省令《ないむせうれい》に關《かん》し司法内務兩省《しはふないむれうしよ》の決定《けつてい》

一、新聞紙に候補者某を推薦すとの廣告を掲載したる場合に於ては大正十五年内務省令第五號第一條に依りて其の住所氏名を記載する事を要す

一、議員候補者が投票を依頼する旨の記載をなした。ビラを新聞紙に折り込み配布を依頼し新聞販賣店は選擧の當日、月極め讀者に對し右ビラを折込みたる新聞紙を配布する場合其の配布區域が投票所を設けたる場所の入口より三町以内なる場合は内務省令文書圖畫に關する件第五條の制限を受くるや否やは月極め讀者に配布する場合に限り取締を爲す可きに非らず

一、選擧の當日郵便により推薦狀を配布する場合其の配布區域が左の區域内なる場合も同樣の制限を受くるや否やは郵便による場合も同樣取締りをなす可き限りにあらず

選擧運動の費用

府縣制施行令第十九條

一、黄金の魔力は選擧界を腐敗させた

從來《じうらい》の選擧《せんきよ》は黄白《こうはく》の競爭《けうそう》であつた政界《せいかい》に奉仕《はうし》するには祖先傳來《そせんでんらい》の土地田畑《とちでんはた》まで棒《ぼう》に振《ふ》らねばならぬ之《こ》れでは政界《せいかい》に人物《じんぶつ》を求《もと》むる事《こと》は到到望《たうていのぞ》まれぬ政界《せいかい》の怪醜瀆職事件《かいしうとくしよくじけん》の頻出《ひんしゆつ》するも其《そ》の根源《こんげん》は此《こ》の選擧《せんきよ》に巨額《きよかく》の運動資金《うんどうしきん》を要《ゑう》した爲《た》めである政界《せいかい》の清淨化《せいぜうくわ》は黄金《わうごん》の魔力《まりよく》を選《せん》擧界《きよかい》から一掃《さう》する外《ほか》ない普選法《ふせんはふ》の改正《かいせい》の主要點《しゆゑうてん》も亦此《またここ》にあるのである

二、府縣會議員選擧費用

府縣會議員《ふけんかいぎいん》の選擧運動費用《せんきようんどうひよう》に付《き》きては大体衆議院議員選擧法《だいたいしうぎいんぎいんせんきよはふ》の第《だい》十一章《せう》（選擧運動《せんきようんどう》の費用《ひよう》）の規定《きてい》が準用《じゆんよう》される事《こと》になつて居《を》るが代議士《だいぎし》の選擧《せんきよ》こ府縣會議員《ふけんかいぎいん》の選擧《せんきよ》こは其《そ》の選擧區《せんきよく》の廣狹有權者數《こうけうゆうけんしやすう》の多寡之《たくわこれ》に伴《ともな》ふ選擧事務所數《せんきよじむしよすう》の差異運動員《さいうんどういん》の數《すう》の相違《さうい》があるので一票《へう》の基《き》

準《じゆん》は全《どう》一にしても總額《そうかく》に於《たい》ては當然差異《とうぜんさい》があるから之等《これら》の點丈《てんだ》けは別《べつ》に府縣制施行令第《ふけんせいしこうれいだい》十九條《ぜう》を以《もつ》て特《とく》に規定《きてい》して居《を》る

三、一候補者の最高制度の運動費

選擧區《せんきよく》の配當議員數《はいたうぎいんすう》を以《もつ》て選擧人名簿《せんきよにんめいぼ》確定《かくてい》の日《ひ》に於《たい》は之《これ》に登錄《とうろく》された者《もの》の總數《そうすう》を除《じよ》して得《え》た數《すう》を四拾錢《せん》に乘《ぜう》して得《え》た額即《かくすなは》ち

$$40錢 \times \frac{選擧人名簿登錄數}{配當議員數} = 最高選擧運動費用$$

之《こ》れは普通《ふつう》の選擧《せんきよ》の場合《ばあひ》で彼《か》の選擧《せんきよ》の一部《ぶ》が無効《むこう》となつて更《さら》に選擧《せんきよ》を行《たこな》ふ場合《ばあひ》とか又天災《またてんさい》地變《ちへん》の爲《た》めに更《さら》に投票《とうへう》を行《たこな》ふ場合等《ばあひなど》は其《そ》の選擧《せんきよ》の範圍《はんゐ》も狹《せま》くなるから前《せへ》の如《ごと》き費用《ひよう》は必要《ひつえう》がないから此等《これら》の場合《ばあひ》は選擧區《せんきよく》の配當議員數《はいたうぎいんすう》を以《もつ》て選擧人名簿《せんきよにんめいぼ》確定《かくてい》の日《ひ》に於《たい》て關係區域《かんけいくいき》の選擧人名簿《せんきよにんめいぼ》に登錄《とうろく》された者《もの》の總數《そうすう》を除《じよ》して得《え》た數《すう》を四拾錢《せん》に乘《ぜう》して得《え》た額即《かくすなは》ち

$$40錢 \times \frac{關係區域の人名簿の總數}{選擧區の定數} = 最高運動費用$$

四、運動費用は金錢のみを言ふのではない

(1)劇場の持主が之を使用して政見發表の演說會に使用した場合は相當の借賃を時價に見積つて運動費用中に

加算する

(2)自動車營業主が自己に之を使用した場合も普通他から賃借すれば幾干と言ふ風に其の賃金を見積つて運動費用中に加算する

(3)電話でも選舉運動に自己の電話を使用すれば其の通話料は矢張り運動費に加算する

(4)自分の宅を選舉事務所に使用しても借家して事務所を設けて支拂に借賃は運動費として見積つて加算する

(5)自宅の米倉から米を出して運動費の食糧にした場合でも自己で出來た野菜類を副食物として使用した場合でも尚ほ相當の時價に見積つて運動費用中に加算する

之等《これら》はホンの一例《れい》に過《す》ぎない條文《ぜうぶん》にも『選舉運動《せんきようんどう》ノ爲《た》メ財産上《ざいさんぜう》ノ義務《ぎむ》ヲ負擔《ふたん》シ又《また》ハ建物船《たてものふね》馬車《はしや》印刷物《いんさつぶつ》飲食物《いんしよくぶつ》其他《そのた》金錢以《きんせんい》外《がい》ノ財産上《ざいさんぜう》ノ利益《りゑき》ヲ使用《しよう》シ若《も し》クハ費消《ひせう》シタル場合《ばあひ》ニハ其《そ》ノ義《ぎ》務《む》又《また》ハ利《り》益《ゑき》を時價《じか》ニ見積《みつも》リタル金額《きんかく》ヲ以《もつ》テ選舉運動《せんきようんどう》ノ費用《ひよう》ト看做《みな》ス』と規定《きてい》して居《を》る斯《こ》うせねば運動費《うんどうひ》を制限《せいげん》しても不公平《ふこうへい》になるからである評價簿《へうかぼ》は之等《これら》を記載《きさい》する帳簿《てうぼ》である

『選舉運動《せんきようんどう》ノタメ財産上《ざいさんぜう》ノ義務《ぎむ》ヲ負擔《ふたん》シマタハ金錢《きんせん》以《い》外《がい》ノ財産上《ざいさんぜう》ノ利益《りゑき》ヲ使用《しよう》シモシクハ消費《せうひ》シタル場合《ばあひ》コレヲ時價《じか》ニ見積《みつも》ルハ其《そ》ノ義務《ぎむ》ヲ負擔《ふたん》シ又《また》ハ利《り》益《ゑき》ヲ使用《しよう》シモシクハ消費《せうひ》シタル時價《じか》ヲモフクム可《べ》キモノトス』（司法内務兩省の決定）

五、選舉運動費用に加算されぬ費用がある

選擧運動《せんきようんどう》に要《よう》する費用《ひよう》で其《そ》の實質《じつしつ》は選擧運動費用《せんきようんどうひよう》であるが所謂選擧運動費用《いはゆるせんきようんどうひよう》と見做《みな》さずして制限《せいげん》の運動費用中《うんどうひようちう》に加算《かさん》されない費用《ひよう》がある之《こ》れは選擧《せんきよ》を腐敗《ふはい》さする原因《げんいん》にならぬから選擧運動費《せんきよううんどうひ》として取締《とりしま》る必要《ひつよう》がないからである

然《しか》らばどんな費用《ひよう》は選擧運動費《せんきよううんどうひ》と見做《みな》されないかと言《い》ふに左《さ》の種類《しゆるゐ》の者《もの》である

(イ)議員候補者《ぎいんこうほしや》が乘用《ぜうよう》する船馬車等《せんばしやとう》に要《よう》した費用《ひよう》

(ロ)選擧期日後《せんきよきじつご》に於《たい》て選擧運動《せんきようんどう》の殘務整理《ざんむせいり》の爲《た》めに要《よう》した費用《ひよう》

(ハ)議員候補者又《ぎいんこうほしやまた》は選擧事務長《せんきよじむてう》と意思《いし》を通《つう》じないで選擧委員又《せんきよゐいんまた》は事務員《じむいん》が支出《ししゆつ》した費用《ひよう》

(ニ)議員候補者屆出後《ぎいんこうほしやとゞけいでご》に於《たい》て議員候補者又《ぎいんこうほしやまた》は選擧事務長《せんきよじむてう》と意思《いし》を通《つう》じないで所謂第三者《いはゆるだいじや》篤志運動者《とくしうんどうしや》)が支出《ししゆつ》した費用《ひよう》

(ホ)立候補準備《りつこうほじゆんび》の爲《た》めに要《よう》した費用《ひよう》

此《こ》の立候補準備費用《りつこうほじゆんびひよう》に付《つ》いては普選法《ふせんはふ》で疑義《ぎい》があつたので內務司法兩省《ないむしはふれうせう》では次《つぎ》のやうに決定《けつてい》した

「立候補者準備の爲に要する費用」とは第六十七條(立候補者屆出)の屆出なき以前に於て選擧運動のために支出される費用をいふ、本條(第一〇一番)第二項は議員候補者、選擧事務長、選擧委員または選擧事務員に關する規定にあらず從つて演説または推薦狀による選擧運動の資料と言へども議員候補者、選擧委員または選擧事務員においてこれを支出せんとする時は本條(第一〇一條)第一項の定むる所により選擧事務長の文書による承諾を要するものです」

六、選擧運動費用の支出は選擧事務長に限る

選擧運動費用《せんきようんどうひよう》の支出《ししゆつ》は候補者自身《こうほしやじしん》と雖《いへど》も獨斷《どくだん》で支出《ししゆつ》する事《こと》は出來《でき》ない費用《ひよう》の支出《ししゆつ》は全部選擧事務長《ぜんぶせんきよじむてう》である而《しか》して選擧事務長《せんきよじむてう》は全部《ぜんぶ》之《これ》を法定《はうてい》の帳簿《てうぼ》に法定《はふてい》の樣式《やうしき》に則《のつと》つて正確明瞭《せいかくめいれう》に記帳《きてう》する義務《ぎむ》がある

七、運動費用超過支出罪

普選法《ふせんはふ》は嚴重《げんぢう》に選擧運動費用《せんきようんどうひよう》を制限《せいげん》して可及的少額《かきうてきせうがく》の費用《ひよう》で選擧《せんきよ》を濟《す》ませやう而《しか》して又買收《またばいしう》等言《などい》ふ選擧界《せんきよかい》の惡習《あくしふ》を掃蕩《そうとう》しやうと言《い》ふ精神《せいしん》だから之《こ》の法定《はふてい》の選擧運動費用《せんきようんどうひよう》を一厘《りん》にても超過《てうくわ》した場合《ばあひ》には選擧運動費用超過支出罪《せんきようんどうひようてうくわししゆつざい》として選擧事務長《せんきよじむてう》は一年以下《ねんいか》の禁錮《きんこ》若《も》くは五百圓以下《いか》の罰金《ばつきん》に處《しよ》せらる

八、運動費用法定制限額超過と當選訴訟

議員候補者《ぎいんこうほしや》の爲《た》め選擧事務長《せんきよじむてう》から支出《ししゆつ》された選擧運動《せんきようんどう》の費用《ひよう》が府縣知事《ふけんちじ》よりの告示《こくし》に依《よ》る

（選擧《せんきよ》費用《ひよう》法定額《はふていがく》は法定《はうてい》の規定《きてい》から算出《さんしゆつ》して各選擧區《かくせんきよく》に於《お》ける選擧運動費用《せんきようんどうひよう》の制限額《せいげんがく》は府《ふ》縣知事《けんちじ》東京府《とうけうふ》なら警視總監《けいしそうかん》）に於《おい》て選擧期日《せんきよきじつ》の告示《こくし》のあつた後直《のちたゞち》に之《これ》を告示《こくし》して一般《はん》に周《しう》知《ち》される規定《きてい》になつて居《を》る）法定額《はふていかく》は超過《てうくわ》した時《とき》は其《そ》の議員候補者《ぎいんこうほしや》の當選《とうせん》は無効《むこう》となる併《しか》し之《こ》れは當然無効《とうぜんむこう》となるのではなくして當選訴訟《たうせんそせう》に依《よ》り其《そ》の無効《むこう》を主張《しゆてう》し裁判所《さいばんしよ》の宣告《せんこく》に依《よ》り初《はじ》めて無効《むこう》となるのであるが之《こ》れには例外規定《れいがいきてい》がある候補者《こうほしや》が選擧事務長《せんきよじむてう》並《ならび》に其《そ》の代《だい》行者《こうしや》の選任《せんにん》に付《つ》き相當《さうたう》の注意《ちうい》を拂《はら》ひ過失《くわしつ》なかつた場合《ばあひ》は無効《むこう》とはならぬ要《えう》するに此《こ》の規定《きてい》は候補者《こうほしや》に取《と》りて最《もつと》も重大《ちうだい》なる者《もの》で從來《じうらい》の如《ごと》く參謀長格《さんぼうてうかく》（普選法《ふせんはふ》では選擧事務長《せんきよじむてう》）の者《もの》が處罰《しよばつ》を覺悟《かくご》して身《み》を犠牲《ぎせい》にして候補者《こうほしや》の當選《とうせん》を完《まつた》うしやうとしても出來《でき》ない譯《わけ》である

九、舊法時代の府縣會議員の選擧運動費

大正《たいせい》十二年《ねん》に行《おこな》はれた府縣會議員總選擧《ふけんかいぎいんそうせんきよ》に於《お》ける選擧運動費《せんきようんどうひ》は次《つぎ》の通《とほり》である

大正十二年に行はれた府縣會議員總選擧に於ける選擧運動費

議員定數	候補者數	運動費總額	候補者一人に對する運動費		
			最多	最少	平均
一、四五〇	二、二七三	八、九一六、六八二圓	五〇、〇二九圓	一〇圓	三、九二三圓

一〇、選擧期日經過後《せんきよきじつけいくわご》に於《お》いてなす當選謝禮《たうせんしやれい》の新聞廣告《しんぶんこうこく》は選擧運動《せんきよううんどう》にあらず（司法内務

選擧運動費用と法定帳簿

一、選擧事務長《せんきよじむてう》は選擧運動《せんきようんどう》の費用《ひよう》を記載《きさい》する爲《た》めに一定《てい》の帳簿《てうぼ》を備《そな》へねばならぬ

二、事務長《じむてう》が備《そな》へねばならぬ帳簿《てうぼ》は(一)承諾簿《せうだくぼ》(二)評價簿《へうかぼ》(三)支出簿《ししゆつぼ》である

三、承諾簿の記載樣式

一、選擧事務長議員候補者選擧委員選擧事務員ニ對シ選擧運動ノ費用ノ支出ノ承諾ヲ與ヘタ時ハ直ニ承諾ニ係ル金額其ノ用途ノ大要承諾年月日及承諾ヲ受ケタル者ノ氏名ヲ記載スル事

二、選擧事務長議員候補者選擧委員選擧事務員ニ對シ選擧運動ノ費用ノ支出ノ承諾ヲ與ヘタル後未タ支出セラレサル費用ニ付テハ文書ヲ以テ其ノ承諾ノ取消ヲ爲ス事ヲ得ルヲ以テ此取消ヲ爲シタル場合ニ於テハ直ニ取消ニ係ル（金錢財產上ノ義務又ハ利益）其ノ用途ノ大要取消年月日承諾ヲ受ケタル者ノ氏名ヲ記載スル事

一、選擧事務長議員候補者選擧委員選擧事務員ニ對シ選擧運動ノ費用ノ支出ノ承諾ヲ與ヘタル場合ニ於テ承諾ニ係ル費用ノ支出終了シタル時ハ又ハ支出終了セサルモ選擧ノ期日經過シタル時ハ選擧事務長ハ遲滯ナク其ノ承諾ヲ受ケタル者ニ就キ支出金額（財產上ノ義務ノ負擔又ハ其ノ使用シ若ハ費消シタル利益）其ノ用途ノ大要支出年月日及支出者ノ氏名ヲ記載シタル精算書ヲ作成シ直ニ支出總金額（財產上ノ義務ノ過擔又ハ金錢以上ノ財產上ノ利益ノ使用若ハ費消ニ付テハ其ノ種類別總額）其ノ用途ノ大要精算年月日及承諾ヲ受ケタル者ノ氏名ヲ記載スル事

承　諾　簿

金額（財産上ノ義務又ハ利益）	承諾	三〇圓	
	取消		
	精算	二五圓	
用途ノ大要	承諾	政見發表印刷物費	
	取消		
	精算	政見發表印刷物費	
年月日	承諾	昭和年月日	
	取消		
	精算	昭和年月日	
備考	承諾ヲ受ケタル者ノ氏名	議員候補者氏名	

四、評價簿の記載樣式

一、選擧事務長選擧運動ノ費用トシテ財産上ノ義務ヲ負擔シ又ハ金錢以外ノ財産上ノ利益ヲ使用シ又ハ消費シタルトキハ直ニ其義務又ハ利益ヲ時價ニ見積リ其ノ見積タル金額其ノ用途ノ大要支出先支出年月日及見積ノ詳細ナル根據其他ヲ記載スルコト

一、演說又ハ推薦狀ニ依ル選擧運動ノ費用ニシテ議員候補者選擧事務長選擧委員選擧事務員ニ非ラサルモノカ議員候補者又ハ選擧事務長ト意思ヲ通シテ支出シタルモノニ付テハ選擧事務長ハ其都度遲滯ナク議員候補者又ハ支出者ニ付キ支出金額（財産上ノ義務ノ負擔又ハ金錢以外ノ財産上ノ利益ノ使用若ハ費消ニ付テハ其ノ義務又ハ利益）其ノ用途ノ大要支出先支出年月日及支出者ノ氏名ヲ記載シタル精算書ヲ作成シ其ノ支出カ金錢ニ非スシテ金錢以外ノ財産上ノ義務又ハ利益ナルトキハ直ニ其義務又ハ利益ヲ時價ニ見積リタル金額其ノ用途ノ大要支出先支出年月日及見積ノ詳細ナル根據其他ヲ記載スルコト

一、立候補者準備ノ爲メニ要シタル費用ニシテ議員候補者若ハ選擧事務長ト爲リタル者カ支出シ又ハ他人カ

其者ト意思ヲ通シテ支出シタルモノニ付テハ選擧事務長ハ其ノ就任後遲滯ナク議員候補者又ハ支出者ニ就キ支出金額（財産上ノ義務ノ負擔又ハ金錢以外ノ財産上ノ利益ノ使用若ハ費消ニ付テハ其ノ義務又ハ利益）其ノ用途ノ大要支出先、支出年月日及支出者ノ氏名ヲ記載シタル精算書ヲ作成シ其ノ支出カ金錢ニ非シテ金錢以外ノ財産上ノ義務又ハ利益ナルトキハ直ニ其ノ義務又ハ利益ヲ時價ニ見積リ其ノ見積タル金額其ノ用途ノ大要支出先支出年月日及見積ノ詳細ナル根據其他ヲ記載スルコト

一、別ニ定メアル承諾簿ニ財産上ノ義務ノ負擔又ハ金錢以外ノ財産上ノ利益ノ使用若ハ費消ニ關スル記載ヲ爲シタルトキハ直ニ其ノ義務又ハ利益ヲ時價ニ見積リ其ノ見積リタル金額ノ用途ノ大要支出先支出年月日及見積ノ詳細ナル根據其ノ他ヲ記載スルコト

評價簿

金錢以外財産上ノ義務又ハ利益ノ種類及員數	見積額	見積ノ詳細ナル根據	支出者氏名	用途ノ大要	支出先	支出年月日	備考
家屋使用一棟	二〇圓			選擧事務所費	何市何町 何某	昭和二年 月 日	
自動車使用一臺	八圓	使用何時間ニ付キ市内營業自動車雇上料ニ準シ計算ス		演說會場ニ辯士往復ノ自動車代	何市何町 何某	昭和二年 月 日	

五、支出簿の記載樣式

一、選擧事務長金錢ヲ以テ選擧運動ノ費用ヲ支出シタルトキハ直ニ支出金額其ノ用途ノ大要支出先支出年月日其他ヲ記載スルコト

一、演說又ハ薦推狀ニ依ル選擧運動ノ費用ニシテ議員候補者選擧事務長選擧委員選擧事務員ニ非ラサル者カ議員候補者又ハ選擧事務長ト意思ヲ通ジテ支出シタルモノニ付テハ選擧事務長ハ其ノ都度遲滯ナク議員候補者又ハ支出者ニ付キ支出金額（財産上ノ義務ノ負擔又ハ金錢以外ノ財産上ノ利益ノ使用者ハ費消ニ付テハ其ノ義務又ハ利益）其ノ用途ノ大要支出先支出年月日支出者ノ氏名ヲ記載シタル精算書ヲ作成シ此支出カ財産上ノ義務又ハ利益ニ非スシテ金錢ナルトキハ直ニ其ノ支出金額其ノ用途ノ大要支出先支出年月日其ノ他ヲ記載スルコト

一、立候補準備ニ要シタル費用ニシテ議員候補者若クハ選擧事務長ト爲リタル者ガ支出シ又ハ他人ガ其ノ者ト意思ヲ通シテ支出シタルモノニ付テハ選擧事務長ハ其ノ就任後遲滯ナク議員候補者又ハ其ノ支出者ニ付キ支出金額（財産上ノ義務ノ負擔又ハ金錢以外ノ財産上ノ利益ノ使用若クハ費消ニ付キテハ其ノ義務又ハ利益）其ノ用途ノ大要支出先支出年月日及其ノ支出者ノ氏名ヲ記載シタル精算書ヲ作成シ此ノ支出カ財産上ノ義務又ハ利益ニ非スシテ金錢ナル時ハ直ニ其ノ支出金額其ノ用途ノ大要支出先支出年月日其他ヲ記載スルコト

一、選擧事務長議員候補者選擧委員選擧事務員ニ對シ選擧運動ノ費用ノ支出ノ承諾ヲ與ヘタル場合ニ於テ承諾ニ係ル費用ノ支出終了シタルトキ又ハ支出終了セサルモ選擧ノ期日經過シタルトキハ選擧事務長ハ遲滯ナク其ノ承諾ヲ受ケタル者ニ付支出金額（財産上ノ義務ノ負擔又ハ金錢以外ノ財産上ノ利益ノ使用若クハ費消ノ承諾ヲ與ヘタル場合ニ於テハ其ノ負擔シタル義務又ハ其ノ使用シ若クハ費消シタル利益）ノ用途ノ大要支出先支出年月日及支出者ノ氏名ヲ記載シタル精算書ヲ作成シ別ニ定メアル承諾簿ニ支出總金額（財

産上ノ義務又ハ金錢以外ノ財産上ノ利益ノ使用若クハ費消ニ付キテハ其ノ種類別總額）其ノ用途ノ大要精算年月日及承諾ヲ受ケタル者ノ氏名ヲ記載シ此總支出ヲ財産上ノ義務又ハ利益ニ非スシテ金錢ナルトキハ直ニ其ノ支出金額其ノ用途ノ大要支出先支出年月日其他ヲ記載スルコト

一、別ニ定メアル評價簿ニ記載ヲ爲シタル時ハ直ニ評價簿ニ記載シタル見積額ヲ支出金額トシ支出金額其ノ用途ノ大要支出先及支出年月日其他ヲ記載スルコト

支出簿

支出年月日	支出金額	累計	用途ノ大要	支出者氏名	支出先	摘要
昭和二年 月 日	二〇圓	二〇圓	議員候補者名刺印刷費	選擧事務長 何 某	何市何町何印刷所 何 某	
月 日	三〇圓	三〇圓	演說會場借上費	選擧委員 何 某	何市何町 何 某	

六、選擧運動費用精算屆出

選擧事務長《せんきよじむてう》は府縣制施行規則別記《ふけんせいしつこうさいそくべつき》に定《さだ》むる精算書樣式《せいさんしよやうしき》に依《よ》り選擧運動《せんきようんどう》の費用《ひよう》を精算《せいさん》し精算《せいさん》屆《とゞけ》を作製《さくせい》し選擧期日《せんきよきじつ》から十四日以內《いない》に選擧事務長選任《せんきよじむてうせんにん》の屆出《とゞけいで》を爲《な》した警察官署《けいさつかんしよ》を經《へ》て地方《ちはう》

長官《てうかん》（東京《とうけう》は警視總監《けいしそうかん》）に屆出《とゞけいで》なければならぬ屆出《とゞけいで》の義務者《ぎむしや》は選擧事務長《せんきよじむてう》で即《すなは》ち選擧當日《せんきよとうじつ》の選擧事務長《せんきよじむてう》である若《も》し此《こ》の屆出《とゞけいで》を怠《おこた》るか又《また》は虚僞《きよぎ》の屆出《とゞけいで》を爲《な》すと選擧違反《せんきよゐはん》で罰《ばつ》せらる（衆、第一〇六條、仝一三五條）

其《そ》の精算書樣式《せいさんしよやうしき》左の如《ごと》し

選擧運動費用精算屆

何府縣（市番地）

議員候補者　氏　名

前記議員候補者ノ昭和　年　月　日執行府（縣）會議員選擧ニ於ケル選擧運動ノ費用精算ノ結果左記ノ通相違無之依テ府縣制第三十九條依リ屆出候也

年　月　日

選擧事務長　氏　名

地方長官（警視總監）宛

記

一、支出總額

（一）選擧事務長ノ支出シタル額

（二）選擧事務長ノ承諾ヲ得テ支出シタル額

內

議員候補者ノ支出シタル額

選舉委員ノ支出シタル額
選舉事務員ノ支出シタル額
(三)議員候補者、選舉事務長、選舉委員又ハ事務員ニ非サルモノノ支出シタル額
內
議員候補者ト意思ヲ通シテ支出シタル額
選舉事務長ト意思ヲ通シテ支出シタル額
(四)立候補準備ノ爲ニ提出シタル額
一、支出明細
(一)報酬
選舉事務員
何某へ
傭人
何某へ
(二)家屋賃
選舉事務所
何選舉事務所
同
何集會會場
(三)通信費

郵便料
電報料
電話料
其ノ他
(四)船車馬賃
汽車賃
電車賃
自動車賃
馬車賃
人力車賃
船賃
其ノ他
(五)印刷費
(六)廣告費
(七)筆墨紙費
(八)休泊費
(九)飲食物費
(十)雜費
計

實費辨償
（一）選擧事務長
（二）選擧委員
何某へ
（三）選擧事務員
何某へ
（四）傭人
何某へ

七、選擧運動費用の告示

選擧事務長《せんきよじむてう》から屆出《とゞけいで》た選擧運動《せんきようんどう》の費用《ひよう》は地方長官《ちはうてうかん》（東京《とうけう》は警視總監《しけいしそうかん》）は之《これ》を一般《ぱん》に周知《しうち》せしむる爲《た》め告示《こくし》する即ち《すなは》之《これ》は所謂《いわゆる》選擧運動費用《せんきようんどうひひう》の公開《こうかい》で之《これ》によりて選擧《せんきよ》の取締《とりしまり》を完《まつと》うし選《せん》擧《きよ》の公正《せうせい》を期《き》するのである（衆、第一〇六條）

第三者の選擧運動　（篤志運動）

一、第三者は選擧運動は原則として出來ぬ

普選法《ふせんはふ》では選擧運動《せんきようんどう》に從事《じうじ》するものは選擧事務長《せんきよじむてう》選擧委員《せんきよゐいん》選擧事務員《せんきよじむいん》として屆出《とゞけいで》られた一

定《てい》の人《ひと》でなくては第《だい》三者《じや》は如何《いか》に其《そ》の候補者《こうほしや》の人格德望《じんかくとくぼう》を慕《した》ふて篤志的《とくしてき》に其《そ》の人《ひと》の爲《た》めに選擧運動《せんきよううんどう》をしやうとしても出來《でき》ないのを本則《ほんそく》として居《を》る併《しか》し例外《れいがい》が一つある

二、第三者は演說と推薦狀に依る運動丈けは出來る

文章《ぶんせう》、言論《げんろん》に依《よ》る選擧運動《せんきよううんどう》は理想的《りさうてき》の方法《はうはふ》で選擧運動《せんきよううんどう》は主《しゆ》として之《こ》の二方法《はうはふ》によらしむる法律《はうりつ》の精神《せいしん》であるから他《た》の運動方法《うんどうはうはふ》は禁《きん》じても此等《これら》の手段《しゆだん》に依《よ》る運動《うんどう》は第《だい》三者《じや》なる篤志者《とくししや》にも許《ゆる》す事《こと》にした普選法實施後《ふせんはふじつしご》の選擧運動《せんきよううんどう》は此《こ》の第《だい》三者所謂篤志運動者《じやいわゆるとくしうんどうしや》の演說推薦運動《ゑんぜつすゐせんうんどう》が最《もつと》も効《こう》を奏《そう》する事《こと》になるだらう

之《こ》れ等《ら》演說《ゑんぜつ》と推薦狀《すゐせんぜう》による選擧運動《せんきよううんどう》の意義《いぎ》に關《かん》し內務司法兩省《ないむしはふれうせう》は左《き》の如《ごと》く決定《けつてい》した

一、演說又《ゑんぜつまた》は推薦狀《すゐせんぜう》による選擧運動《せんきよううんどう》とは演說《ゑんぜつ》をなし又《また》は推薦狀《すゐせんぜう》を發送《はつそう》する行爲《かうゐ》其《そ》れ自体《じたい》のみを言《い》ふにあらずして、たとへば演說《ゑんぜつ》を依賴《いらい》し若《もし》くば演說會場《ゑんぜつかいぜう》の借入《かりい》れ其《そ》の他會場《たかいぜう》の準備《じゆんび》をなすが如《ごと》きまたは推薦狀《すゐせんぜう》の文案《ぶんあん》の作製若《さくせいもし》くば印刷《いんさつ》を依賴《いらい》するが如《ごと》き行爲《かうゐ》はこれを包含《はうがん》せしむる事《こと》を得《う》るものとす

一、所謂演說《いわゆるゑんぜつ》は一定《てい》の場所《ばしよ》に集合《しうごう》せる多數人《たすうじん》に對《たい》し直接口頭《ちよくせつこうとう》を以《もつ》て政見其《せいけんそ》の他《た》の事項《じこう》に付《つ》

き演述《ゑんじゆつ》するを通常《つうぜう》とするも直接口頭《ちよくせつこうとう》をもつて代《か》ふるにラヂオ、若《も》くば高聲電話《かうせいでんわ》を利用《りよう》しまたは蓄音機《ちくおんき》による場合《ばあひ》をもなほ演說《ゑんぜつ》たるを失《うしな》はざるものとす

一、推薦狀《すゐせんぜう》の內容《ないよう》に關係《かんけい》ある、主《しゆ》として政見《せいけん》を知《し》らしむる事《こと》を目的《もくてき》としたる印刷物《いんさつぶつ》または議員候補者《ぎいんこうほしや》を推稱《すゐせう》する意味《いみ》の記載《きさい》ある新聞紙雜誌等《しんぶんしざつしとう》を同封《どうふう》して添付《てんぷ》するも推薦狀《すゐせんぜう》の性質《せいしつ》を失《うしな》はしむるものにあらず但《たゞ》し右添付《みぎてんふ》にして財產上《ざいさんぜう》の利益供與《りゑきけうよ》と認《みと》めらるゝものは罰則《ばつそく》に該當《がいとう》す可《べ》し

三、推薦狀の意義に付ての疑義協議

(1)推薦《すゐせん》の意義《いぎ》は書狀以外《しよぜういがい》の者即《ものすなは》ち新聞雜誌《しんぶんざつし》になしたる推薦廣告及引札《すゐせんこうこくおよびひきふだ》、張札《はりふだ》による推薦廣告《すいせんこうこく》をも推薦狀《すゐせんぜう》と看做《みな》す旨《むね》の廣義《こうぎ》の解釋《かいしやく》を採《と》る事《こと》（衆議院各派研究會の申合せ）

(2)推薦狀《すゐせんぜう》は書簡《しよかん》なる故特定《ゆゑとくてい》の人《ひと》から特定《とくてい》の人《ひと》に出《だ》す者《もの》でなくてはならぬ例《たと》へば立札引札又《たてふだひきふだまた》は新聞雜誌《しんぶんざつし》による推薦廣告《すゐせんこうこく》は之《これ》を推薦狀《すゐせんぜう》と認《みと》めず（內務省の解釋）

(3)引札《ひきふだ》と新聞雜誌《しんぶんざつし》による推薦《すゐせん》は推薦狀《すゐせんぜう》と見《み》て可《か》なり（司法省の解釋）

四、第三者のなす擧擧運動費には制限はない

第三者《だいじや》が議員候補者《ぎいんこうほしや》や選擧事務長《せんきよじむてう》と何等《なにら》意思相通《いしあひつう》ずるでなく獨《ひと》り無關係《むかんけい》でする選擧運動《せんきようんどう》の費用《ひよう》には何等《なにら》の制限《せいげん》はない併《しか》し此《こ》の第三者《だいしや》が議員候補者選擧事務長《ぎいんこうほしやせんきよじむてう》と意思相通《いしあひつう》じて爲《な》した場合《ばあひ》は演說會場費《えんぜつかいぜうひ》や印刷費等《いんさつひとう》は無論選擧費用中《むろんせんきよひようちう》に加算《かさん》される者《もの》である

五、妻子眷族も第三者としての應援は出來る

從來候補者《じうらいこうほしや》の妻君《さいくん》や愛孃《あひぜう》が『私《わたし》の夫《をつと》に淸《きよ》き一票《ぺう》を』だの『私《わたし》のお父《とう》さんに御投票《ごとうへう》を』等《など》と哀訴嘆願《あいそたんがん》した選擧運動《せんきようんどう》は絕對《ぜつたい》に出來《でき》ぬ故《ゆゑ》に候補者《こうほしや》の妻君連《さいくんれん》も第三者《だいしや》として演壇《えんだん》に立《た》つて『淸《きよ》き一票《ぺう》を何々《なにく》に御投票《ごとうへう》を請《こ》ふ』と言《い》ふ調子《てうし》にやらねばならぬ某所《ばうしよ》の市會議員《しかいぎいん》の選擧《せんきよ》には候補者《こうほしや》の妻君《さいくん》が赤坊《あかんぼ》を背負《せを》つて壇上《だんぜう》に立《た》つた實例《じつれい》もある宜《よろ》しく之等《これら》に倣《なら》ふ可《べ》きである

六、第三者が演說推選狀以外の運動をすると罪

選擧運動《せんきようんどう》は選擧事務長選擧委員選擧事務員《せんきよじむてうせんきよゐいんせんきよじむいん》の外《ほか》の者《もの》は出來《でき》ない之《これ》に違反《ゐはん》すると一年以下《ねんいか》の禁錮《きんこ》又《また》は五百圓以下《ゑんいか》の罰金《ばつきん》（衆、第一二九條）

七、第三者《だいじや》と意思《いし》を通《つう》じて支出《ししゆつ》したる費用《ひよう》の意義《いぎ》

内務省例の解釋（司法省も仝一）

(1)候補者又は選擧事務長が第三者に對して一般的に選擧運動を依賴した場合には其の後第三者がなしたる選擧運動より生ずる費用は悉く意思を通じて支出したものと認める

(2)候補者が運動を依賴しなくても候補者又は選擧事務長が第三者の運動を知り又は第三者が候補者に運動を告知したる時其れを明諾又は默諾した場合には二つの場合が豫想さる

(a)第三者の運動を新聞又は傳言で知つたにすぎぬものは無論意思を通じたものと認めない

(b)第三者が運動を告知し之れに明諾を與へた場合は無論意思を通じたものと認めるそれを默諾した場合と雖も客觀的に他人の意思を判斷する事は不可能であるから此の點は個々の場合について判斷を下す事とする

(3)第三者が選擧運動を爲す事に付て意思を通じた場合は運動と費用とは不可分であると認め費用についても意思を通じたものと認める

戸別訪問並に面接運動の嚴禁

一、普選法の選擧運動は文章と言論

普選法《ふせんはふ》は選擧運動《せんきようんどう》を文章《ぶんせう》と言論《げんろん》の二つに制限《せいげん》した所謂《いわゆる》紙《かみ》と聲《こゑ》の選擧戰《せんきよせん》で之《これ》が所謂《いわゆる》理想選擧《りさうせんきよ》である從來《じうらい》の選擧《せんきよ》では選擧運動《せんきようんどう》と言《い》へば直《たゞち》に戸別訪問《こべつはうもん》を思《おも》ふと言《い》ふ調子《てうし》で候補者《こうほしや》自身《じしん》は勿論《もちろん》甚《はなはだ》しきに至《いた》つては妻子《さいし》眷族《けんぞく》が叩頭《こうとう》九拜《はい》の米搗《こめつ》きバッタの眞似《まね》をした者《もの》で普選法《ふせんはふ》は此《こ》

の陋習《ろうしう》を一掃《さう》す可《べ》く戸別訪問《こべつはうもん》、個々《こゝ》面接電話利用《めんせつでんわりよう》の選擧運動《せんきようんどう》は一切之《さいこれ》を嚴禁《げんきん》し之《これ》を犯《をか》す者《もの》は一年以下《ねんいか》の禁錮《きんこ》又《また》は五百圓以下《ゑんいか》の罰金《ばつきん》を以《もつ》て處《しよ》する事《こと》にした戸別訪問《こべつはうもん》の禁止《きんし》は普選《ふせん》の特色《とくしよく》である

二、戸別訪問の意聽に付いては疑義がある

衆議院各派研究會側《しうぎいんかくはけんきうかいがは》の申合《もうしあは》せによれば『戸別訪問《こべつはうもん》の意義《いぎ》は選擧區内《せんきよくない》の有志《いうし》を歷訪《れきはう》する事數《ことすう》人乃至數十人《にんないしすうにん》の有志《いうし》を一所《しよ》に集《あつ》めて懇談《こんだん》する事等《ことなど》は戸別訪問《こべつはうもん》に非《あら》ずと解《かい》す可《べ》き事有志《ことゆうし》の意義《いぎ》に付《つい》ては別《べつ》に列擧主義《れつきよしゆぎ》によつて擧示《きよし》する事《こと》また名刺《めいし》を戸別《こべつ》に配市《はつふ》する事《こと》は戸別訪問《こべつはうもん》と解《かい》す可《べ》きも引札推薦狀《ひきふだすゐせんぜう》を郵便《ゆうびん》もしくばこれに代《かは》る可《べ》き使丁《してい》をして配市《はいふ》せしめる事《こと》は戸別訪問《こべつはうもん》に非《あら》ずと解《かい》す可《べ》き事《こと》』と

之《こ》れに對《たい》する内務省側《ないむせうがは》の解釋《かいしやく》は『選擧運動員《せんきよううんどういん》になる事《こと》の依賴又《いらいまた》は推薦演說依賴《するせんゑんぜついらい》の爲《た》めの有志歷訪《いうしれきはう》は差支《さしつか》へなきも投票依賴《とうへういらい》の訪問《はうもん》は絕對《ぜつたい》に不可《ふか》なり推薦狀引札《すいせんぜうひきふだ》を人夫《にんぷ》を以《もつ》て戸別的《こべつてき》に配市《はいふ》する事《こと》は戸別訪問《こべつはうもん》と認《みと》めず一定《てい》の場所《ばしよ》に有志《ゆうし》を集《あつ》め候補者《こうほしや》が談話若《だんわもしく》ば演說《ゑんぜつ》を爲《な》す事《こと》は戸別訪問《こべつはうもん》と認《みと》めずと言《い》ふに對《たい》しては集會《しうかい》の人數《にんず》が多數《たすう》なれば可《か》なるも實際問題《じつさいもんだい》となれば事《じ》

實《じつ》に基《もとづ》き認定《にんてい》する外《ほか》なし』こ

三、此《こ》の疑義《ぎぎ》に付《つい》ては爾來引續《じらいひきつゞ》き内務《ないむ》、司法兩省《しはふれうせう》で協議中《けうぎちう》であつたが其《そ》の大部分《だいぶぶん》の決定解釋《けつていかいしやく》が出來《でき》て警察部長會議《けいさつぶてうかいぎ》（昭和二年七月九日）に於《たい》て次《つぎ》の通《とほ》り内示《ないし》した

連續訪問の解釋

一、連續して個々につき訪問の意思を持つてゐたる場合には。一戸のみを訪問するも犯罪は構成する

一、第九十八條の投票當日投票所の入口及ぶその附近において投票所に至り個々の選擧人を邀しこれに對し目禮するは本條第二項の違反をもつて目すべきものとす

一、第九十八條、選擧法第九十八條第二項の「連續して個々の選擧民に對し面接し」とあるは同一の選擧人に對して數回面接する意にあらず、多數の選擧人に順次連續して面接するの意である（司法省）

一、電話による選擧運動は連續の場合のみを禁ずる（司法省）また連續して電話により個々の選擧人に對してなす選擧運動は必らずしも選擧人そのものと直接電話をもつて對話することを要せず、家族使用人などと電話をもつて對話するもなほ本條第二項の違反とする

演說會場

一、普選法《ふせんはふ》では選擧運動《せんきようんどう》の方法《はふはう》を制限《せいげん》し從來最《じゆうらいもつと》も頻繁《ひんはん》に行《おこな》はれた戸別訪問並《こべつはうもんならび》に戸別訪問《こべつはうもん》に類《るゐ》似《じ》した個人別運動《こじんべつうんどう》を嚴禁《げんきん》し選擧運動員《せんきようんどういん》の數《すう》は制限《せいげん》すると言《い》ふ事《こと》になつたので最早今後《もはやこんご》の選《せん》擧運動《きようんどう》は文書戰《ぶんしよせん》と言論戰《げんろんせん》の二戰術《せんじゆつ》しかなくなつたので演說會《ゑんぜつかい》の開催《かいさい》せらるる回數《かいすう》が著《いちじる》しく增《ぞう》加《か》する從來《じゆうらい》のやうに劇場《げきぜう》や寄席《よせ》や寺院位《じいんぐらゐ》では不足《ふそく》を訴《うつた》ふる而《しか》も選擧運動《せんきようんどう》の費用《ひよう》に對《たい》しても制限《せいげん》を加《へわ》へ成《な》る可《べ》く減少《げんせう》せしむる方針《はうしん》であるから何等《なにら》かの方法《はうはふ》を講《かう》じて選擧運動《せんきようんどう》の爲《た》めにする演說會場《ゑんぜつかいぜう》を比較的容易《ひかくてきようい》に而《しか》も費用《ひよう》を要《えう》せずに候補者《こうほしや》や應援者《おうゑんしや》に便宜《べんぎ》を與《あた》へねばならぬ即《すなは》ち候補者《こうほしや》の政見發表《せいけんはつぺう》の途《みち》を公費《こうひ》を以《もつ》てするの途《みち》を開《ひら》いた即《すなは》ち演說《ゑんぜつ》による選擧運動《せんきようんどう》に公共《こうけう》營造物《ゑいぞうぶつ》の使用並《しようならび》に郵便物《ゆうびんぶつ》の無料發送《むれうはつそう》を規定《きてい》したが（衆、一四〇條）府縣會議員選擧《ふけんかいぎいんせんきよ》には無《む》料郵便《れうゆうびん》は適用《てきよう》されぬ唯公共營造物《たゞこうけうゑいぞうぶつ》の使用《しよう》丈《だ》け許《ゆる》されたのである

二、いかなる場所《ばしよ》が開放《かいほう》されたか利用《りよう》が出來《でき》るか之《こ》れには府縣市町村商業會議所又《ふけんしてうそんしやうげふかいぎしよまた》は農會《のうかい》の管理《くわんり》に屬《ぞく》する公會堂《こうかいどう》や議事堂其他地方長官《ぎじどうそのたちはうてうくわん》の指定《してい》した營造物《ゑいぞうぶつ》の使用《しよう》が出來《でき》る尚《な》ほ公立學《こうりつがく》校《かう》（官立學校《かんりつがくかう》を含《ふく》まず）も次《つぎ》の制限《せいげん》の下《もと》に其《そ》の設備《せつび》を使用《しよう》する事《こと》が許《ゆる》された

(イ)公立學校長が學校の授業又は行事に支障ありこ認めた時は許さない
(ロ)職員室事務室宿直室機械室標本室其他公立學校に於て著しく支障ありこ認めたる設備は許さない事がある
(ハ)許可す可き期間は選擧の期日の公布から選擧日の前日まで許す
(ニ)使用時間の長さは一回五時間以内

三、之等《これら》の設備《せつび》の利用《りよう》は原則《げんそく》こして借賃料等《かりちんれうとう》は無料《むれう》であるが公會堂《こうかいどう》の如《ごと》く相當《さうとう》の借賃《かりちん》を定《さだ》めて居《を》る場合《ばあひ》は其《そ》の賃料其他電燈料其《ちんれうそのたでんとうれうそ》の設備《せつび》に付屬《ふぞく》して居《を》る使丁給仕《していきうじ》を雇《あと》つた場合《ばあひ》の報酬並《ほうしうならび》に毀損《きそん》した場合《ばあひ》の損害《そんがい》の負擔等《ふたんとう》は當然使用者《たうぜんしようしや》に於《たい》て負擔《ふたん》する者《もの》である

四、之等《これら》の設備《せつび》の利用《りよう》の手續《てつゞき》に付て《づゝ》は左記書式《さきしよしき》に依《よ》りて許可《きよか》を受《う》ける若《も》し營造物《ゑいぞうぶつ》の管理者或《かんりしやあるひ》は學校長《がくこうてう》が某候補者《ばうこうほしや》に援助《ゑんじよ》するの意思《いし》を以《もつ》て其《そ》れ以外《いがい》の候補者《こうほしや》に貸《か》す事《こと》を承諾《せうだく》しないこか借用《しやくよう》の申込《もうしこ》みの順序《じゆんじよ》を故意《こい》に變更《へんこう》するやうな偏頗《へんぱ》な事《こと》があるこ之《こ》れも選擧妨害《せんきよぼうがい》こか言《い》ふ選擧違反《せんきよいはん》の罪《つみ》こなるから之等《これら》の人々《ひとぐ》は公平《こうへい》に之《これ》が處置《しよち》をせないこ意外《いがい》な迷惑《めいはく》がふりかゝつて來《こ》ぬこも限《かぎ》らぬ

五、私立學校使用《しりつがくこうしよう》　普選法《ふせんはふ》は公立學校等《こうりつがくこうとう》の使用《しよう》のみ規定《きてい》し私立學校《しりつがくこう》の使用《しよう》に付《つ》いては何等《なにら》の規定《きてい》がないが内務司法兩省《ないむしはふれうせう》にては左《き》の如《ごと》く決定《けつてい》して居《を》る

「私立學校の設備を演說による選擧運動に使用せしむる事は差支なきも其の使用に付ては改正選擧法の定むる公立學校等の設備使用に關する規定に準し教育上支障を來さざるやう取締を要す」

尚《な》ほ之《こ》れは私立學校《しりつがくこう》のみに關係《かんけい》した決定《けつてい》では一般《ばん》學校設備《がくこうせつび》を使用《しよう》する時《とき》の時間《じかん》の制限《せいげん》であるから茲《こゝ》に序《つひで》に述《の》べて置《た》く

「施行令第八十七條（衆議院選擧法）による地方長官の設くる規定に公立學校等の設備使用時刻を午前八時より午後十二時迄の間に限る旨の規定を設くるも差支なし」（内務司法省の決定）

六、公共營造物使用手續書式

府（縣）會議員選擧運動ニ關スル公立學校ノ設備使用許可申請

一、申　請　者　何府（縣）何市……番地

議員候補者　何　　某

二、營造物ノ名稱　何々尋常高等小學校

三、營造物ノ設備

（イ）使用ス可キ屋室　屋内運動場

（ロ）器具什器ノ種類並其ノ臺數　教壇壹個演壇一個椅子十脚

（ハ）附屬設備ノ種類並其臺數　下駄箱及電燈

四、使用ノ日時　昭和何年何月何日

（イ）使用開始時刻　午後何時何分

(ロ)同終了時刻　午後何時何分
右之通リ使用致シ度候條御許可相成度此段及申請候也
昭和何年何月何日
右　何　某 ㊞
管理者何市長(其他)　氏　名　殿

右《みぎ》の許可《きよか》申請書《しんせいしよ》を差出《さしだ》すと管理者《かんりしや》は學校長等《がくこうてうとう》の意見《いけん》を徴《てう》し差支《さしつかへ》ない場合《ばあひ》は左《さ》の許可指定《きよかしてい》がある

許　可　指　令
昭和何年何月何日
何市長　氏　名
府(縣)會議員候補者　何　某　殿
公立學校使用ニ關スル件
本月何日付ヲ以テ申請有之候標記ノ件左記ノ通リ許可候條衆議院議員選擧施行令第八十條ニ依リ此段及通知候也
記
一、使用許可ヲ受ケタル者ノ住所氏名
何府(縣)何市……番地
議員候補者　何　某

二、營造物ノ名稱
何々尋常高等小學校
三、營造物ノ設備
(イ)屋内運動場
(ロ)教壇一個何々何々
(ハ)下駄箱　電燈
四、使用ノ日時
(イ)昭和何年何月何日
(ロ)使用開始時刻　午後何時何分
使用終了時刻　午後何時何分

此《こ》の指令《しれい》を候補者《こうほしや》に出《だ》すと共《とも》に管理者《かんりしや》は學校長《がくこうてう》に宛次《あてつぎ》の許可通知《きよかつうち》を出《だ》す

許　可　通　知

昭和何年何月何日　　何々市長　氏　名

何々尋常高等小學校長殿

公立學校使用ニ關スル件

本月何日電話ヲ以テ本件許否ニ付キ貴職ノ意見ヲ徵シ承諾ヲ得候ニ付キ本日左記ノ通リ許可致シ候條衆議院議員選擧法施行令第八十條ニ依リ此段及通知候也

左記（前同文ニ付省略）

斯んな場合は選擧違反になる

普選法は嚴罰主義

選擧法《せんきよはふ》を知《し》らぬこ思《おも》ひ掛《が》けない選擧法《せんきよはふ》に觸《ふ》れて罰《ばつ》せらるゝ事《こと》がある其《そ》の時《とき》に自分《じぶん》は其《そ》んな選《せん》擧法律《きよはふりつ》のある事《こと》を知《し》らなかつたこ言《い》つても罪《つみ》は免《まぬか》れない法律《ほうりつ》を知《し》らなかつたこ言《い》ふ事《こと》は罪《つみ》を許《ゆる》さるゝ理由《りゆう》にはならぬから豫《あらかじ》め充分注意《じうぶんちうい》する事《こと》が必要《ひつやう》である罰則《ばつそく》の事《こと》は詳《くわし》く說明《せつめい》するこ中《なか》々容易《ようい》でないから卷末《かんまつ》にある罰則規定《ばつそくきてい》を見《み》れば明《あき》かである茲《ここ》には選擧《せんきよ》の心得《こゝろゑ》こして簡單《かんたん》に二三の注意《ちうい》を揭《かゝ》げて置《た》く

一、法定《はふてい》の運動者《うんどうしや》以外《いがい》の者《もの》は演說《ゑんぜつ》か若《もし》くば推薦狀《すゐせんぜう》に依《よ》るの外選擧運動《ほかせんきようんどう》も出來《でき》ねば選擧運動《せんきようんどう》の費用《ひよう》も支出《ししゆつ》してはならぬ之《こ》れに違反《ゐはん》するこ選擧違反《せんきよゐはん》になる

一、選擧事務長《せんきよじむてう》以外《いがい》の者《もの》が選擧事務所《せんきよじむしよ》を設《もう》けたり選擧委員《せんきよゐいん》や選擧事務員《せんきよじむゐん》を選任《せんにん》するこ選擧違《せんきよゐ》反《はん》になる

一、休憩所《きうけいしよ》や之《これ》に類似《るゐじ》した者《もの》を設《もう》けるこ選擧違反《せんきよゐはん》になる

一、戸別訪問《こべつはうもん》するこ選擧違反《せんきよゐはん》になる

一、選擧人《せんきよにん》に對《たい》して個々《こゝ》面接運動《めんせつうんどう》や電話《でんわ》で運動《うんどう》すること選擧違反《せんきよゐはん》になる

一、選擧事務《せんきよじむ》に關係《かんけい》ある官公吏員《かんこうりいん》が自分《じぶん》の關係《かんけい》ある選擧區《せんきよく》の選擧運動《せんきよううんどう》すること選擧違反《せんきよいはん》になる

一、選擧權《せんきよけん》を有《ゆう》せぬ者《もの》が選擧事務長《せんきよじむてう》や選擧委員《せんきよゐいん》や選擧事務員《せんきよじむいん》になること選擧違反《せんきよゐはん》となる

一、選擧運動《せんきよううんどう》の爲頒布《ためはんぷ》したり掲示《けいし》したりする文書圖畫《ぶんしよづぐわ》（名刺《めいし》、看板《かんばん》、立札《たてふだ》、ビラ、ポスターの類《るゐ》）については其寸法《そのすんぽふ》とか色合《いろあひ》とか又《また》は頒布《はんぷ》したり掲示《けいし》したりする場所《ばしよ》とか方法等《はうはふとう》について制限《せいげん》があるから之《こ》れに違反《ゐはん》すること選擧違反《せんきよゐはん》になる

一、選擧《せんきよ》に關《かん》して選擧人又《せんきよにんまた》は運動者《うんどうしや》が金錢《きんせん》や品物《しなもの》や物品手形商品劵等《ぶつぴんてがせたうひんけんとう》を貰《もら》つたり貰《もら》ふ約束《やくそく》をしたり又《また》は貰《もら》ひ度《た》いこと要求《ようきう》したりすること選擧違反《せんきよゐはん》になる

一、選擧《せんきよ》に關《かん》し饗應《けうおう》や遊覽等《ゆうらんとう》の接待《せつたい》を受《う》けたり受《う》くる約束《やくそく》をしたり又《また》は受《う》けたいこと要求《ようきう》したりすること選擧違反《せんきよゐはん》になる

一、公私《こうし》の職務上《しよくむぜう》の地位《ちゐ》を得《う》る事《こと》（例《たと》へば市町村役場《してうそんやくば》の吏員《りいん》にしてやることか會社銀行《かいしやぎんこう》の社員《しやいん》に雇《やと》つて貰《もら》ふとか）に迷《まよ》はされこれに應《おう》じたり其《そ》の地位《ちゐ》を得《う》る事《こと》を約束《やくそく》したりまたは得たいこと要求《ようきう》したりすること選擧違反《せんきよゐはん》になる

一、投票所等《とうへうしよとう》への往復《わうふく》するに乘物《のりもの》に乘《の》せて貰《もら》つたりまたは車馬賃《しやばちん》や茶代《ちやだい》や宿泊料等《しゆくはくれうとう》を貰《もら》つたり又《また》は貰《もら》ふ約束《やくそく》をしたり若《もし》くば貰《もら》い度《た》いと要求《えうきう》すると選擧違反《せんきよゐはん》になる

一、選擧《せんきよ》に關《かん》し用水《ようすゐ》や小作料《こさくれう》や借貸等《かりかしとう》の利害關係《りがいかんけい》に誘《さそ》はれてこれに應《おう》ずると選擧違反《せんきよゐはん》になる

一、選擧《せんきよ》に關《かん》し神社《じんしや》やお寺《てら》や會社組合《かいしやくみあひ》や市町村等《しちやうそんとう》に寄附《きふ》するとか便利《べんり》を與《あた》へるとか言《い》ふやうな事柄《ことがら》を利用《りよう》して勸誘《かんゆう》せられて之《これ》に應《おう》ずると選擧違反《せんきよゐはん》になる

一、選擧人《せんきよにん》や議員候補者《ぎいんこうほしや》や又《また》は議員候補者《ぎいんこうほしや》たらんとする者《もの》や或《あるひ》は選擧運動者《せんきよううんどうしや》や當選人等《たうせんにんなど》の身《しん》邊《べん》に追隨《つひじう》したり亂暴《らんぼう》したり些細《ささい》な事《こと》でも嚇《おど》したり又《また》は無理《むり》やりに連《つ》れ出《だ》したり抑留《よくりう》したりすると選擧違反《せんきよゐはん》になる

一、選擧《せんきよ》に關《かん》して演說《えんぜつ》を妨害《ばうがい》したり往來《わうらい》や集會《しうかい》の便《べん》を妨《さまた》げると選擧違反《せんきよゐはん》になる

一、不正《ふせい》の方法《はうはふ》で投票《とうへう》の自由《じゆう》や選擧運動《せんきよううんどう》の自由《じゆう》を妨害《ばうがい》すると選擧違反《せんきよゐはん》になる

一、議員候補者《ぎいんこうほしや》の當選《たうせん》を得《う》る爲《ため》に又《また》は當選《たうせん》を妨《さまた》ぐる爲《ため》に在《あ》りもせぬ僞《いつは》りの事《こと》を演說《えんぜつ》したり新《しん》聞雜誌《ぶんざつし》に書《か》き立《た》てたりビラやポスターに書《か》いて張《は》つたり配付《はいふ》したりすると選擧違反《せんきよゐはん》になる

一、選擧《せんきよ》に關《かん》し鐵砲刀劍棍棒其他《てつはうとうけんこんぼうそのた》人《ひと》を殺傷《きつせう》するにたる物《もの》を携帶《けいたい》すると選擧違反《せんきよゐはん》になる

一、選舉《せんきよ》に關《かん》し景氣付《けいきつけ》のため大勢集《たほぜいあつ》まつて練《ね》り歩《ある》いたり煙火《はなび》を揚《あ》げたり鐘《かね》や太皷《たいこ》を鳴《な》らしたり旗幟《きし》を立《た》てたりするこ選舉違反《せんきよゐはん》になる

一、大勢集《たほぜいあつ》まつて亂暴《らんばう》したり騷《さわ》いだりするこ選舉違反《せんきよゐはん》になる

一、選舉權《せんきよけん》のない者《もの》が投票《とうへう》するこ選舉違反《せんきよゐはん》になる

一、選舉權《せんきよけん》のない者《もの》が氏名《しめい》を詐《いつは》つたり詐僞《さぎ》の方法《はうはふ》で投票《とうへう》したりするこ選舉違反《せんきよゐはん》になる

衆議院議員選擧法拔萃

第十章　選擧運動

第八十八條　議員候補者ハ選擧事務長一人ヲ選任スヘシ但シ議員候補者自ラ選擧事務長ト爲リ又ハ推薦屆出者（推薦屆出者數人アルトキハ其ノ代表者）議員候補者ノ承諾ヲ得テ選擧事務長ヲ選任シ若ハ自ラ選擧事務長ト爲ルコトヲ妨ケス

議員候補者ノ承諾ヲ得スシテ其ノ屆出ヲ爲シタル者ハ前項但書ノ承諾ヲ得ルコトヲ要セス議員候補者ハ文書ヲ以テ通知スルコトニ依リ選擧事務長ヲ解任スルコトヲ得選擧事務長ヲ選任シタル推薦屆出者ニ於テ議員候補者ノ承諾ヲ得タルトキ亦同シ

選擧事務長ハ文書ヲ以テ議員候補者及選任者ニ通知スルコトニ依リ辭任スルコトヲ得

選擧事務長ノ選任者（自ラ選擧事務長ト爲リタル者ヲ含ム以下之ニ同シ）ハ直ニ其ノ旨ヲ選擧區內警察官署ノ一ニ屆出ツヘシ

選擧事務長ニ異動アリタルトキハ前項ノ規定ニ依リ屆出ヲ爲シタル者直ニ其ノ屆出ヲ爲シタル警察官署ニ其ノ旨ヲ屆出ツヘシ

第九十五條ノ規定ニ依リ選擧事務長ニ代リテ其ノ職務ヲ行フ者ハ前項ノ例ニ依リ屆出ツヘシ其ノ之ヲ罷メタルトキ亦同シ

第八十九條　選擧事務長ニ非サレハ選擧事務所ヲ設置シ又ハ選擧委員若ハ選擧事務員ヲ選任スルコトヲ得ス

選擧事務長ハ文書ヲ以テ通知スルコトニ依リ選擧委員又ハ選擧事務員ヲ解任スルコトヲ得

選擧委員又ハ選擧事務員ハ文書ヲ以テ選擧事務長ニ通知スルコトニ依リ辭任スルコトヲ得

選擧事務長選擧事務所ヲ設置シ又ハ選擧委員若ハ選擧事務員ヲ選任シタルトキハ直ニ其ノ旨ヲ前條第五項ノ屆出アリタル警察官署ニ屆出ツヘシ選擧事務所又ハ選擧委員若ハ選擧事務員ニ異動アリタルトキ亦同シ

第九十條　（本條は府縣會議員選擧に準用されぬから省略する）

第九十一條　選擧事務所ハ選擧ノ當日ニ限リ投票所ヲ設ケタル場所ノ入口ヨリ三町以内ノ區域ニ之ヲ置クコトヲ得ス

第九十二條　休憩所其ノ他之ニ類似スル設備ハ選擧運動ノ爲之ヲ設クルコトヲ得ス

第九十三條　（本條は府縣會議員選擧に準用されぬから省略する）

第九十四條　選擧事務長選擧權ヲ有セサル者ナルトキ又ハ第九十九條第二項ノ規定ニ依リ選擧運動ヲ爲スコトヲ得サル者アルトキハ地方長官（東京府ニ在リテハ警視總監）ハ直ニ其ノ解任又ハ退任ヲ命スヘシ

第八十九條第一項ノ規定ニ違反シテ選擧事務所ノ設置アリト認ムルトキハ地方長官（東京府ニ在リテハ警視總監）ハ直ニ其ノ選擧事務所ノ閉鎖ヲ命スヘシ第九十條第一項又ハ第二項ノ規定ニ依ル定數ヲ超エテ選擧事務所ノ設置アリト認ムルトキハ其ノ超過シタル數ノ選擧事務所ニ付亦同シ

前條ノ規定ニ依ル定數ヲ超エテ選擧委員又ハ選擧事務員ノ選任アリト認ムルトキハ地方長官（東京府ニ在リテハ警視總監）ハ直ニ其ノ超過シタル數ノ選擧委員又ハ選擧事務員ノ解任ヲ命スヘシ選擧委員又ハ選擧事務員選擧權ヲ有セサル者ナルトキ又ハ第九十九條第二項ノ規定ニ依リ選擧運動ヲ爲スコトヲ得サル者ナルトキ其ノ選擧委員又ハ選擧事務員ニ付亦同シ

第九十五條　選擧事務長故障アルトキハ選任者代リテ其ノ職務ヲ行フ

推薦屆出者タル選任者モ亦故障アリタルトキハ議員候補者ノ承諾ヲ得スシテ其ノ推薦屆出ヲ爲シタル場合ヲ除クノ外議員候補者代リテ其ノ職務ヲ行フ

第九十六條　議員候補者、選擧事務長、選擧委員又ハ選擧事務員ニ非サレハ選擧運動ヲ爲スコトヲ得ス但シ演説又ハ推薦狀ニ依ル選擧運動ハ此ノ限ニ在ラス

第九十七條　選擧事務長、選擧委員又ハ選擧事務員ハ選擧運動ノ爲ニ要スル飮食物、船車馬等ノ供給又ハ旅費休泊料其ノ他ノ實費ノ辨償ヲ受クルコトヲ得演説又ハ推薦狀ニ依リ選擧運動ヲ爲ス者其ノ運動ヲ爲スニ付亦同シ

選擧事務員ハ選擧運動ヲ爲スニ付報酬ヲ受クルコトヲ得

第九十八條　何人ト雖投票ヲ得若ハ得シメ又ハ得シメサルノ目的ヲ以テ戸別訪問ヲ爲スコトヲ得ス

何人ト雖前項ノ目的ヲ以テ連續シテ個々ノ選擧人ニ對シ面接シ又ハ電話ニ依リ選擧運動ヲ爲スコトヲ得ス

第九十九條　選擧權ヲ有セサル者ハ選擧事務長、選擧委員又ハ選擧事務員トナルコトヲ得ス

選擧事務ニ關係アル官吏及吏員ハ其ノ關係區域内ニ於ケル選擧運動ヲ爲スコトヲ得ス

第百條　内務大臣ハ選擧運動ノ爲頒布シ又ハ掲布スル文書圖畫ニ關シ命令ヲ以テ制限ヲ設クルコトヲ得

第十一章　選擧運動ノ費用

第百一條　立候補準備ノ爲ニ要スル費用ヲ除クノ外選擧運動ノ費用ハ選擧事務長ニ非サレハ之ヲ支出スルコトヲ得ス但シ議員候補者、選擧委員又ハ選擧事務員ハ選擧事務長ノ文書ニ依ル承諾ヲ得テ之ヲ支出スルコトヲ妨ケス

議員候補者、選擧事務長選擧委員又ハ選擧事務員ニ非サル者ハ選擧運動ノ費用ヲ支出スルコトヲ得ス但シ演説又ハ推薦狀ニ依ル選擧運動ノ費用ハ此ノ限ニ在ラス

第百二條　（本條は府縣會議員選擧には準用されないから省略する）

第百三條　選擧運動ノ爲財産上ノ義務ヲ負擔シ又ハ建物、船車馬、印刷物、飮食物其ノ他ノ金錢以外ノ財産上

ノ利益ヲ使用シ若ハ費消シタル場合ニ於テハ其ノ義務又ハ利益ヲ時價ニ見積リタル金錢ヲ以テ選擧運動ノ費用ト看做ス

第百四條　左ノ各號ニ掲クル費用ハ之ヲ選擧運動ノ費用ニ非サルモノト看做ス

一　議員候補者カ乘用スル船馬車等ノ爲ニ要シタル費用

二　選擧ノ期日後ニ於テ選擧運動ノ殘務整理ノ爲ニ要シタル費用

三　選擧委員又ハ選擧事務員ノ支出シタル費用ニシテ議員候補者又ハ選擧事務長ト意思ヲ通シテ支出シタル費用以外ノモノ但シ第百一條第一項ノ規定ノ適用ニ付テハ此ノ限ニ在ラス

四　第六十七條第一項乃至第三項ノ屆出アリタル後議員候補者、選擧事務長、選擧委員又ハ選擧事務員ニ非サル者ノ支出シタル費用ニシテ議員候補者又ハ選擧事務長ト意思ヲ通シテ支出シタル費用以外ノモノ但シ第百一條第二項ノ規定ノ適用ニ付テハ此ノ限ニ在ラス

五　立候補者準備ノ爲ニ要シタル費用ニシテ議員候補者若ハ選擧事務長ト爲リタル者ノ支出シタル費用又ハ其ノ者ト意思ヲ通シテ支出シタル費用以外ノモノ

第百五條　選擧事務長ハ勅令ノ定ムル所ニ依リ帳簿ヲ備ヘ之ニ選擧運動ノ費用ヲ記載スヘシ

第百六條　選擧事務長ハ勅令ノ定ムル所ニ依リ選擧運動ノ費用ヲ精算シ選擧ノ期日ヨリ十四日以内ニ第八十八條第五項ノ屆出アリタル警察官署ヲ經テ之ヲ地方長官（東京府ニ在リテハ警視總監）ニ屆ツヘシ

地方長官（東京ニ在リテハ警視總監）ハ前項ノ規定ニ依リ屆出アリタル選擧運動ノ費用ヲ告示スヘシ

第百七條　選擧事務長ハ前條第一項ノ屆出ヲ爲シタル日ヨリ一年間選選運動ノ費用ニ關スル帳簿及書類ヲ保存スヘシ

前項ノ帳簿及書類ノ種類ハ勅令ヲ以テ之ヲ定ム

第百八條　警察官吏ハ選擧ノ期日後何日ニテモ選擧事務長ニ對シ選擧運動ノ費用ニ關スル帳簿又ハ書類ノ提出ヲ命シ之ヲ檢査シ又ハ之ニ關スル說明ヲ求ムルコトヲ得

第百九條　選擧事務長辭任シ又ハ解任セラレタル場合ニ於テハ遲滯ナク選擧運動ノ費用ノ計算ヲ爲シ新ニ選擧事務長ト爲リタル者ニ對シ、新ニ選擧事務長ト爲リタル者ナキトキハ第九十五條ノ規定ニ依リ選擧事務長ノ職務ヲ行フ者ニ對シ選擧事務所、選擧委員、選擧事務員其ノ他ニ關スル事務ト共ニ其ノ引繼ヲ爲スヘシ第九十五條ノ規定ニ依リ選擧事務長ノ職務ヲ行フ者事務ノ引繼ヲ受ケタル後新ニ選擧事務長定リタルトキ亦同シ

第百十條　議員候補者ノ爲支出セラレタル選擧運動ノ費用カ第百二條第二項ノ規定ニ依リ告示セラレタル額ヲ超エタルトキハ其ノ議員候補者ノ當選ヲ無効トス但シ議員候補者及推薦屆出者カ選擧事務長又ハ之ニ代リテ其ノ職務ヲ行フ者ノ選任及監督ニ付相當ノ注意ヲ爲シ且選擧事務長又ハ之ニ代リテ其ノ職務ヲ行フ者ニ於テ選擧運動ノ費用ノ支出ニ付過失ナカリシトキハ此ノ限ニ在ラス

第十二章　罰　則

第百十一條　詐僞ノ方法ヲ以テ選擧人名簿ニ登錄セラレタル者又ハ第二十五條第二項ノ場合ニ於テ虛僞ノ宣言ヲ爲シタル者ハ百圓以下ノ罰金ニ處ス(一)詐僞登錄罪(前段)　(二)虛僞宣言罪(後段)

第百十二條　左ノ各號ニ掲クル行爲シタル者ハ二年以下ノ懲役若ハ禁錮又ハ千圓以下ノ罰金ニ處ス

一　當選ヲ得若ハ得シメサル目的ヲ以テ選擧人又ハ選擧運動者ニ對シ金錢、物品其ノ他ノ財產上ノ利益若ハ公私ノ職務ノ供與、其ノ供與ノ申込若ハ約束ヲ爲シ又ハ饗應接待、其ノ申込若ハ約束ヲ爲シタルトキ（買收罪）

二　當選ヲ得若ハ得シメ又ハ得シメサル目的ヲ以テ選擧人又ハ選擧運動者ニ對シ其ノ者又ハ其ノ者ノ關係アル社寺、學校、會社、組合、市町村等ニ對スル用水、小作、債權、寄附其ノ他特殊ノ直接利害關係ヲ利用

シテ誘導ヲ爲シタルトキ（利害關係利用罪）
三　投票ヲ爲シ若ハ爲サザルコト、選擧運動ヲ爲シ若ハ止メタルコト又ハ其ノ周旋勸誘ヲ爲シタルコトノ報酬ト爲ス目的ヲ以テ選擧人又ハ選擧運動者ニ對シ第一號ニ揭グル行爲ヲ爲シタルトキ（報酬供與罪）
四　第一號若ハ前號ノ供與、饗應接待ヲ受ケ若ハ要求シ、第一號若ハ前號ノ申込ヲ承諾シ又ハ第二號ノ誘導ニ應シ若ハ之ヲ促シタルトキ（以上ノ行爲ノ受諾罪）
五　前各號ニ揭グル行爲ニ關シ周旋又ハ勸誘ヲ爲シタルトキ（周旋勸誘罪）
第百十三條　左ノ各號ニ揭グル行爲ヲ爲シタル者ハ三年以下ノ懲役若ハ禁錮又ハ二千圓以下ノ罰金ニ處ス
一　議員候補者タルコト若ハ議員候補者タラムトスルコトヲ止メシムル目的ヲ以テ議員候補者若ハ議員候補者タラムトスル者ニ對シ又ハ當選ヲ辭セシムル目的ヲ以テ當選人ニ對シ前條第一號又ハ第二號ニ揭グル行爲ヲ爲シタルトキ（買收及利害關係利用罪）
二　議員候補者タルコト若ハ議員候補者タラムトスルコトヲ止メタルコト、當選ヲ辭シタルコト又ハ其ノ周旋勸誘ヲ爲シタルコトノ報酬ト爲ス目的ヲ以テ議員候補者タリシ者、議員候補者タラムトシタル者又ハ當選人タリシ者ニ對シ前條第一號ニ揭グル行爲ヲ爲シタルトキ（報酬供與罪）
三　前二號ノ供與、饗應接待ヲ受ケ若ハ要求シ、前二號ノ申込ヲ承諾シ又ハ第一號ノ誘導ニ應シ若ハ之ヲ促シタルトキ（受諾、要求罪）
四　前各號ニ揭グル行爲ニ關シ周旋又ハ勸誘ヲ爲シタルトキ（周旋勸誘罪）
第百十四條　前二條ノ場合ニ於テ收受シタル利益ハ之ヲ沒收ス其ノ全部又ハ一部ヲ沒收スルコト能ハサルトキハ其ノ價額ヲ追徵ス
第百十五條　選擧ニ關シ左ノ各號ニ揭グル行爲ヲ爲シタル者ハ三年以下ノ懲役若ハ禁錮又ハ二千圓以下ノ罰金

ニ處ス

一　選擧人、議員候補者、議員候補者タラムトスル者、選擧運動者又ハ當選人ニ對シ暴行若ハ威力ヲ加ヘ又ハ之ヲ拐引シタルトキ（暴行、威力、拐引罪）

二　交通若ハ集會ノ便ヲ妨ケ又ハ演說ヲ妨害シ其ノ他僞計詐術等不正ノ方法ヲ以テ選擧ノ自由ヲ妨害シタルトキ（交通集會演說妨害罪）

三　選擧人、議員候補者、議員候補者タラムトスル者、選擧運動者若ハ當選人又ハ其ノ關係アル社寺、學校會社、組合市町村等ニ對スル用水、小作、債權寄附其ノ他特殊ノ利害關係ヲ利用シテ選擧人、議員候補者議員候補者タラムトスル者、選擧運動者又ハ當選人ヲ威逼シタルトキ（威逼罪）

第百十六條　選擧ニ關シ官吏又ハ吏員故意ニ其ノ職務ノ執行ヲ怠リ又ハ職權ヲ濫用シテ選擧ノ自由ヲ妨害シタルトキハ三年以下ノ禁錮ニ處ス　（一）職務懈怠罪（第一項前段）　（二）職權濫用罪（第一項後段）

官吏又ハ吏員選擧人ニ對シ其ノ投票セムトシ又ハ投票シタル被選擧人ノ氏名ノ表示ヲ求メタルトキハ三月以下ノ禁錮又ハ百圓以下ノ罰金ニ處ス（投票表示要求罪）

第百十七條　選擧事務ニ關係アル官吏、吏員、立會人又ハ監視者選擧人ノ投票シタル被選擧人ノ氏名ヲ表示シタルトキハ二年以下ノ禁錮又ハ千圓以下ノ罰金ニ處ス其ノ表示シタル事實虛僞ナルトキ亦同シ（被選擧人氏名表示罪）

第百十八條　投票所又ハ開票所ニ於テ正當ノ事由ナクシテ選擧人ノ投票ニ關涉シ又ハ被選擧人ノ氏名ヲ認知スルノ方法ヲ行ヒタル者ハ一年以下ノ禁錮又ハ五百圓以下ノ罰金ニ處ス

法令ノ規定ニ依ラスシテ投票函ヲ開キ又ハ投票函中ノ投票ヲ取出シタル者ハ三年以下ノ懲役若ハ禁錮又ハ二千圓以下ノ罰金ニ處ス　（一）投票關涉罪（第一項前段）　（二）被選擧人氏名認知罪（第一項後段）　（三）投票函

侵害罪(第二項)

第百十九條　投票管理者、開票管理者、選擧長、立會人若ハ選擧監視者ニ暴行若ハ脅迫ヲ加ヘ選擧會場、開票所若ハ投票所ヲ騷擾シ又ハ投票、投票函其ノ他關係書類ヲ抑留、毀壞若ハ奪取シタル者ハ四年以下ノ懲役又ハ禁錮ニ處ス　(一)選擧職員ニ對スル暴行脅迫罪　(二)選擧會場等ノ騷擾罪　(三)投票等ノ抑留毀壞及奪取罪

第百二十條　多衆合シテ第百十五條第一號又ハ前條ノ罪ヲ犯シタル者ハ左ノ區別ニ從テ處斷ス

一　首魁ハ一年以上七年以下ノ懲役又ハ禁錮ニ處ス

二　他人ヲ指揮シ又ハ他人ニ率先シテ勢ヲ助ケタル者ハ六月以上五年以下ノ禁錮ニ處ス

三　附和隨行シタル者ハ百圓以下ノ罰金又ハ科料ニ處ス　(特別騷擾罪)

第百十五條第一號ハ前條ノ罪ヲ犯ス爲多衆聚合シ當該公務員ヨリ解散ノ命ヲ受クルコト三回以上ニ及ブモ仍解散セサルトキハ首魁ハ二年以上ノ禁錮ニ處シ其ノ他ノ者ハ百圓以下ノ罰金又ハ科料ニ處ス　多衆不解散罪(第二項)

第百二十一條　選擧ニ關シ銃砲、刀劍、棍棒其ノ他人ヲ殺傷スルニ足ルヘキ物件ヲ携帶シタル者ハ二年以下ノ禁錮又ハ千圓以下ノ罰金ニ處ス　(戎器、兇器携帶罪)

警察官吏又ハ憲兵ハ必要ト認ムル場合ニ於テ前項ノ物件ヲ領置スルコトヲ得

第百二十二條　前條ノ物件ヲ携帶シテ選擧會場、開票所又ハ投票所ニ入リタル者ハ三年以下ノ禁錮又ハ二千圓以下ノ罰金ニ處ス　(兇器携帶入場罪)

第百二十三條　第二條ノ罪ヲ犯シタル場合ニ於テハ其ノ携帶シタル物件ヲ沒收ス　(强行的沒收)

第百二十四條　選擧ニ關シ多衆集合シ若ハ隊伍ヲ組ミテ往來シ又ハ煙火、松明ノ類ヲ用ヒ若ハ鐘鼓喇叭ノ類ヲ鳴ラシ旗幟其ノ他ノ標章ヲ用フル等氣勢ヲ張ルノ行爲ヲ爲シ警察官吏ノ制止ヲ受クルモ仍其ノ命ニ從ハサル

者ハ六月以下ノ禁錮又ハ三百圓以下ノ罰金ニ處ス（氣勢ヲ張ル行動禁止）

第百二十五條　演説又ハ新聞紙、雜誌、引札、張札其ノ他何等ノ方法ヲ以テスルニ拘ラス第百十二條、第百十三條、第百十五條、第百十八條乃至第百二十二條及前條ノ罪ヲ犯サシムル目的ヲ以テ人ヲ煽動シタル者ハ一年以下ノ禁錮又ハ五百圓以下ノ罰金ニ處ス但シ新聞紙及雜誌ニ在リテハ仍其ノ編輯人及實際編輯ヲ擔當シタル者ヲ罰ス

第百二十六條　演説又ハ新聞紙、雜誌、引札、張札其ノ他何等ノ方法ヲ以テスルニ拘ラス左ノ各號ニ掲クル行爲ヲ爲シタル者ハ二年以下ノ禁錮又ハ千圓以下ノ罰金ニ處ス新聞紙及雜誌ニ在リテハ前條但書ノ例ニ依ル

一　當選ヲ得又ハ得シムル目的ヲ以テ議員候補者ノ身分、職業又ハ經歷ニ關シ虛僞ノ事項ヲ公ニシタルトキ

（虛僞事項ノ公表罪）

二　當選ヲ得シメサル目的ヲ以テ議員候補者ニ關シ虛僞ノ事項ヲ公ニシタルトキ（當選妨害虛僞事項公表罪）

第百二十七條　選擧人ニ非サル者投票ヲ爲シタルトキハ一年以下ノ禁錮又ハ五百圓以下ノ罰金ニ處ス（不正投票罪）

氏名ヲ詐稱シ其ノ他詐僞ノ方法ヲ以テ投票ヲ爲シタル者ハ二年以下ノ禁錮又ハ千圓以下ノ罰金ニ處ス（詐僞投票罪）

投票ヲ僞造シ又ハ其ノ數ヲ增減シタル者ハ三年以下ノ懲役若ハ禁錮又ハ二千圓以下ノ罰金ニ處ス（普通投票僞造增減罪）

選擧事務ニ關係アル官吏、吏員、立會人又ハ監視者前項ノ罪ヲ犯シタルトキハ五年以下ノ懲役若ハ禁錮又ハ二千圓以下ノ罰金ニ處ス（特別投票ノ僞造增減罪）

第百三十條　第九十條第一項第二項ノ規定ニ依ル定數ヲ超エ若ハ第九十一條ノ規定ニ違反シテ選擧事務所ヲ設

置シタル者又ハ第九十二條ノ規定ニ違反シテ休憩所其ノ他之ニ類似スル設備ヲ設ケタル者ハ三百圓以下ノ罰金ニ處ス　（一）事務所數超過罪　（二）選擧當日禁止區域內ノ事務所設置罪　（三）休憩所設置罪

第九十三條ノ規定ニ依ル定數ヲ超エテ選擧委員又ハ選擧事務員ノ選任ヲ爲シタル者亦前項ニ同シ　（運動者數超過罪）

第百三十一條　第八十九條第一項、第九十九條又ハ第百九條ノ規定ニ違反シタル者ハ六月以下ノ禁錮又ハ三百圓以下ノ罰金ニ處ス　（一）事務所委員、事務員ノ濫設罪　（二）無資格者選擧運動者トナル罪　（三）關係官吏ノ選擧運動罪　（四）事務引繼懈怠罪

第百三十二條　第八十八條第五項乃至第七項又ハ第八十九條第四項ノ屆出ヲ怠リタル者ハ百圓以下ノ罰金ニ處ス　（一）選擧事務長選任屆出懈怠罪　（二）選擧事務長異動屆出懈怠罪　（三）選擧事務長職分代行屆懈怠罪

第百條ノ規定ニ依ル命令ニ違反シタル者亦前項ニ同シ　（選擧運動用文書圖畫ニ關スル命令違反罪）

第百三十四條　第百一條ノ規定ニ違反シテ選擧運動ノ費用ヲ支出シタル者ハ一年以下ノ禁錮ニ處ス　（一）候補者、委員、事務員ノ運動費用支出罪　（二）第三者ノ運動支出罪

第百三十五條　左ノ各號ニ揭クル行爲ヲ爲シタル者ハ六月以下ノ禁錮又ハ三百圓以下ノ罰金ニ處ス

一　第百五條ノ規定ニ違反シテ帳簿ヲ備ヘス又ハ帳簿ニ記載ヲ爲サス若ハ之ニ虛僞ノ記入ヲ爲シタルトキ　（運動費用帳簿不備罪）

二　第百六條第一項ノ屆出ヲ怠リ又ハ虛僞ノ屆出ヲ爲シタルトキ　（精算屆不備罪）

三　第百七條第一項ノ規定ニ違反シテ帳簿又ハ書類ヲ保存セサルトキ　（帳簿及書類廢棄罪）

四　第百七條第一項ノ規定ニ依リ保存スヘキ帳簿又ハ書類ニ虛僞ノ記入ヲ爲タルトキ（帳簿書類虛僞記入罪）

五　第百八條ノ規定ニ依ル帳簿若ハ書類ノ提出若ハ檢査ヲ拒ミ若ハ之ヲ妨ケ又ハ說明ノ求ニ應セサルトキ　（

帳簿書類ノ提出及檢查拒否罪）

第百三十六條　當選人其ノ選擧ニ關シ本章ニ揭クル罪ヲ犯シ刑ニ處セラレタルトキハ其ノ當選ヲ無効トス選擧事務長第百十二條又ハ第百十三條ノ罪ヲ犯シ刑ニ處セラレタルトキ亦同シ

但シ選擧事務長ノ選任及監督ニ付相當ノ注意ヲ爲シタルトキハ此ノ限ニ在ラス（選擧違反ト當選無効）

第百三十七條　本章ニ揭クル罪ヲ犯シタル者ニシテ罰金ノ刑ニ處セラレタル者ニ在リテハ其ノ裁判確定ノ後五年間、禁錮以上ノ刑ニ處セラレタル者ニ在リテハ其ノ裁判確定ノ後刑ノ執行ヲ終ル迄又ハ刑ノ時効ニ因ル場合ヲ除ヲノ外刑ノ執行ノ免除ヲ受クル迄ノ間及其ノ後五年間衆議院議員及選擧ニ付本章ノ規定ヲ準用スル議會ノ議員ノ選擧權及被選擧權ヲ有セス禁錮以上ノ刑ニ處セラレタル者ニ付其ノ裁判確定ノ後刑ノ執行ヲ受クルコトナキニ至ル迄ノ間亦同シ（選擧違反ト選擧被選擧權ノ停止）

前項ニ規定スル者ト雖情狀ニ因リ裁判所ハ刑ノ言渡ト同時ニ前項ノ規定ヲ適用セス又ハ其ノ期間ヲ短縮スル旨ノ宣言ヲ爲スコトヲ

前二項ノ規定ハ第六條第五號ノ規定ニ該當スル者ニハ之ヲ適用セス

第百三十八條　第百二十七條第三項及第四項ノ罪ノ時効ハ一年ヲ經過スルニ因リテ完成ス

前項ニ揭クル罪以外ノ本章ノ罪ノ時効ハ六月ヲ經過スルニ因リテ完成ス但シ犯人逃亡シタルトキハ其ノ期間ハ一年トス（時効規定）

第十三章　補　則

第百三十九條　選擧ニ關スル費用ニ付テハ勅令ヲ以テ之ヲ定ム

第百四十條　（本條の第一項の無料郵便の規定は府縣會議員選擧には準用されない第二項の公立學校等の營造物の使用丈け準用されるから第一項は省略し第二項丈け揭載する「公立學校其ノ他勅令ヲ以テ定ムル營造物ノ設備ハ勅令ノ定ムル所ニ依リ演說ニ依ル選擧運動ノ爲其ノ使用ヲ許可スヘシ」）

府縣制拔萃

第四條　府縣會議員ハ各選擧區ニ於テ之ヲ選擧ス
選擧區ハ市ノ區域又ハ從前郡長若ハ島司ノ管轄シタル區域ニ依ル但シ東京市京都市大阪市其ノ他勅令ヲ以テ指定シタル市ニ於テハ區ノ區域ニ依ル
第五條　府縣會議員ハ府縣ノ人口七十萬未滿ハ議員三十人ヲ以テ定員トシ七十萬以上百萬未滿ハ五萬ヲ加フル毎ニ一人ヲ增シ百萬以上ハ七萬ヲ加フル每ニ一人ヲ增ス
各選擧區ニ於テ選擧スヘキ府縣會議員ノ數ハ府縣會ノ議決ヲ經テ府縣知事之ヲ定ム
議員ノ配置ニ關シ必要ナル事項ハ內務大臣之ヲ定ム
議員ノ定數ハ總選擧ヲ行フ場合ニ非サレハ之ヲ增減セス
第六條　府縣內ノ市町村公民ハ府縣會議員ノ選擧權及被選擧權ヲ有ス
陸海軍軍人ニシテ現役中ノ者（未タ入營セサル者及歸休下士官兵ヲ除ク）及戰時若ハ事變ニ際シ召集中ノ者ハ選擧權及被選擧權ヲ有セス兵籍ニ編入セラレタル學生生徒（勅令ヲ以テ定ムル者ヲ除ク）及志願ニ依リ國民軍ニ編入セラレタル者亦同シ
市町村公民權停止中ノ者ハ選擧權及被選擧權ヲ有セス
在職ノ檢事、警察官吏及收稅官吏ハ被選擧權ヲ有セス
選擧事務ニ關係アル官吏及吏員ハ其ノ關係區域內ニ於テ被選擧權ヲ有セス
府縣ノ官吏及有給ノ吏員其ノ他ノ職員ニシテ在職中ノ者ハ其ノ府縣ノ府縣會議員ト相兼ヌルコトヲ得ス
衆議員議員ハ府縣會議員ト相兼ヌルコトヲ得ス

第七條　府縣會議員ハ名譽職トス
議員任期ハ四ケ年トシ選擧ノ日ヨリ之ヲ起算ス
第八條　府縣會議員中缺員ヲ生シタルトキハ三箇月以内ニ補缺選擧ヲ行フヘシ但シ其ノ缺員トナリタル議員カ第三十一條第二項、第三項若ハ第六項ノ規定ニ依ル期限前ニ於テ缺員ト爲リタル者ナル場合ニ於テ第二十九條第一項但書ノ得票者ニシテ當選者ト爲ラサリシ者アルトキ又ハ其ノ期限經過後ニ於テ缺員ト爲リタル者ナル場合ニ於テ第二十九條第二項ノ規定ノ適用ヲ受ケタル得票者ニシテ當選者ト爲ラサリシ者アルトキハ直ニ選擧會ヲ開キ其ノ中ノ者ニ就キ當選者ヲ定ムヘシ此ノ場合ニ於テハ第三十二條第三項ノ規定ヲ準用ス
第三十二條第四項第五項ノ規定ハ補缺選擧ニ之ヲ準用ス
補缺議員ハ其ノ前任者ノ殘任期間在任ス
第九條　府縣會議員ノ選擧ハ其ノ府縣内ニ於ケル市町村會議員選擧人名簿ニ依リ之ヲ行フ
町村制第三十八條ノ町村ニ於テハ同法第十八條乃至第十八條ノ五ノ規定ニ準シ選擧人名簿ヲ調製スヘシ
前項ノ選擧人名簿ハ之ヲ町村會議員選擧人名簿ト看做シ第一項ノ規定ヲ適用ス
第十條　削除
第十一條　削除
第十二條　削除
第十三條　府縣會議員ノ選擧ハ府縣知事ノ告示ニ依リ之ヲ行フ其ノ告示ニハ選擧ヲ行フヘキ選擧區投票ヲ行フヘキ日時及選擧スヘキ議員ノ員數ヲ記載シ投票ノ期日前七日目マテニ之ヲ告示スヘシ
第十三條ノ二　議員候補者タラムトスル者ハ選擧ノ期日ノ告示アリタル日ヨリ選擧ノ期日前七日目マテニ其ノ旨ヲ選擧長ニ屆出ツヘシ

選擧人名簿ニ登錄セラレタル者他人ヲ議員候補者ト爲サムトスルトキハ前項ノ期間內ニ其ノ推薦ノ屆出ヲ爲スコトヲ得

前二項ノ期間內ニ屆出アリタル議員候補者其ノ選擧ニ於ケル議員ノ定數ヲ超ユル場合ニ於テ其ノ期間ヲ經過シタル後議員候補者死亡シ又ハ議員候補者タルコトヲ辭シタルトキハ前二項ノ例ニ依リ選擧ノ期日ノ前日マテ議員候補者ノ屆出又ハ推薦屆出ヲ爲スコトヲ得

議員候補者ハ選擧長ニ屆出ヲ爲スニ非サレハ議員候補者タルコトヲ辭スルコトヲ得ス

前四項ノ屆出アリタルトキ又ハ議員候補者ノ死亡シタルコトヲ知リタルトキハ選擧長ハ直ニ其ノ旨ヲ告示スヘシ

第十三條ノ三　議員候補者ノ屆出又ハ推薦屆ヲ爲サムトスル者ハ議員候補者一人ニ付貳百圓又ハ之ニ相當スル額面ノ國債證書ヲ供託スルコトヲ要ス

議員候補者ノ得票數其ノ選擧區ノ配當議員數ヲ以テ有効投票數ヲ除シテ得タル數ノ十分ノ一ニ達セサルトキハ前項ノ供託物ハ府縣ニ歸屬ス

議員候補者選擧ノ期日前十日以內ニ議員候補者タルコトヲ辭シタトキハ前項ノ規定ヲ準用ス但シ被選擧權ヲ有セサルニ至リタルタメ議員候補者ヲ辭シタルトキハ此ノ限ニ在ラス

第十四條　市町村長ハ投票管理者ト爲リ投票ニ關スル事務ヲ擔任ス

第十五條　投票區ハ市町村ノ區域ニ依ル投票所ハ市役所町村役場又ハ投票管理者ノ指定シタル場所ニ之ヲ設ケ投票管理者ハ選擧ノ期日前五日マテニ投票所ヲ告示スヘシ

府縣知事特別ノ事情アリト認ムルトキハ市町村ノ區域ヲ分チテ數投票區ヲ設ケ又ハ數町村ノ區域ヲ合セテ一投票區ヲ設クルコトヲ得

前項ノ規定ニ依リ投票區ヲ設クル場合ニ於テ必要ナル事項ハ命令ヲ以テ之ヲ定ム

第十六條　議員候補者ハ各投票區ニ於ケル選擧人名簿ニ登錄セラレタル者ノ中ヨリ本人ノ承諾ヲ得テ投票立會人一人ヲ定メ選擧ノ期日ノ前日マテニ投票管理者ニ屆出ツルコトヲ得但シ議員候補者死亡シ又ハ議員候補者タルコトヲ辭シタルトキハ其ノ屆出テタル投票立會人ハ其ノ職ヲ失フ

前項ノ規定ニ依ル投票立會人三人ニ達セサルトキ若ハ三人ニ達セサルニ至リタルトキ又ハ投票立會人ニシテ參會スル者投票所ヲ開クヘキ時刻ニ至リ三人ニ達セサルトキ若ハ其ノ後三人ニ達セサルニ至リタルトキハ投票管理者ハ其ノ投票區ニ於ケル選擧人名簿ニ登錄セラレタル者ノ中ヨリ三人ニ達スルマテノ投票立會人ヲ選任シ直ニ之ヲ本人ニ通知シ投票ニ立會ハシムヘシ

投票立會人ハ名譽職トス

投票立會人ハ正當ノ事故ナクシテ其ノ職ヲ辭スルコトヲ得ス

第十七條　選擧人ニ非サル者ハ投票所ニ入ルコトヲ得ス但シ投票所ノ事務ニ從事スル者投票所ヲ監視スル職權ヲ有スル者又ハ警察官吏ハ此ノ限ニ在ラス

投票所ニ於テ演說討論ヲ爲シ若ハ喧騷ニ渉リ投票ニ關シ協議若ハ勸誘ヲ爲シ其ノ他投票所ノ秩序ヲ紊ス者アルトキハ投票管理者ハ之ヲ制止シ命ニ從ハサルトキハ之ヲ投票所外ニ退出セシムヘシ

前項ノ規定ニヨリ退出セシメラレタル者ハ最後ニ至リ投票ヲ爲スコトヲ得但シ投票管理者投票管理所ノ秩序ヲ紊スノ虞ナシト認ムル場合ニ於テ投票ヲ爲サシムルヲ妨ケス

第十八條　選擧ハ投票ニ依リ之ヲ行フ

投票ハ一人一票ニ限ル

選擧人ハ選擧ノ當日投票時間內ニ自ラ投票所ニ到リ選擧人名簿ノ對照ヲ經又ハ確定裁決書若ハ判決書ヲ提出

シテ投票ヲ爲スヘシ
投票時間内ニ投票所ニ入リタル選擧人ハ其ノ時間ヲ過クルモ投票ヲ爲スコトヲ得
選擧人ハ投票所ニ於テ投票用紙ニ自ラ議員候補者一名ノ氏名ヲ記載シテ投函スヘシ
投票用紙ニハ選擧人ノ氏名ヲ記載スルコトヲ得ス
自ラ議員候補者ノ氏名ヲ書スルコト能ハサル者ハ投票ヲ爲スコトヲ得ス
投票用紙ハ府縣知事ノ定ムル所ニ依リ一定ノ式ヲ用ウヘシ
投票ニ關スル記載ニ付テハ勅令ヲ以テ定ムル點字ハ之ヲ文字ト看做ス
選擧人名簿調製ノ後選擧人其ノ投票區域外ニ住所ヲ移シタル場合ニ於テ仍選擧權ヲ有スルトキハ前住所地ノ投票所ニ於テ投票ヲ爲スヘシ
第三十二條第一項若ハ第三十六條ノ選擧又ハ補缺選擧ヲ同時ニ行フ場合ニ於テハ一ノ選擧ヲ以テ合併シテ之ヲ行フ
第十八條ノ二　確定名簿ニ登錄セラレサル者ハ投票ヲ爲スコトヲ得ス但シ選擧人名簿ニ登錄セラルヘキ確定判決書ヲ所持シ選擧ノ當日ヲ投票所ニ到ル者ハ此ノ限ニ在ラス
確定名簿ニ登錄セラレタル者選擧人名簿ニ登錄セラル丶コトヲ得サル者ナルトキハ投票ヲナスコトヲ得ス選擧ノ當日選擧權ヲ有セサル者ナルトキ亦同シ
同府縣内ニ於ケル二以上ノ市町村ニ於テ公民權ヲ有スル者ハ住所地市町村ニ於テノミ投票ヲ爲スコトヲ得
第十九條　投票ノ拒否ハ投票立會人ノ意見ヲ聽キ投票管理者之ヲ決定スヘシ
前項ノ決定ヲ受ケタル選擧人不服アルトキハ投票管理者ハ假ニ投票ヲ爲サシムヘシ
前項ノ投票ハ選擧人ヲシテ之ヲ封筒ニ入レ封緘シ表面ニ自ラ其ノ氏名ヲ記載シ投函セシムヘシ

投票立會人ニ於テ異議アル選擧人ニ對シテモ亦前二項ニ同シ
第二十條　投票管理者ハ投票錄ヲ作リ投票ニ關スル顚末ヲ記載シ二人以上ノ投票立會人ト共ニ之ニ署名スヘシ
第二十一條　投票管理者ハ其ノ指定シタル投票立會人ト共ニ町村ノ投票區ニ於テハ投票ノ翌日マテニ市ノ投票區ニ於テハ投票ノ當日投票函、投票錄及選擧人名簿ヲ選擧長ニ送致スヘシ
第二十二條　島嶼其ノ他交通不便ノ地ニ對シテハ府縣知事ハ適宜ニ其ノ投票期日ヲ定メ選擧會ノ期日マテニ其ノ投票函ハ投票錄及選擧人名簿ヲ送致セシムルコトヲ得
第二十三條　選擧長ハ市長又ハ府縣知事ノ指定シタル官吏ヲ以テ之ニ充ツ
選擧長ハ選擧會ニ關スル事務ヲ擔任ス
選擧會ハ市役所又ハ選擧長ノ指定シタル場所ニ之ヲ開ク
選擧長ハ豫メ選擧會ノ場所及日時ヲ告示スヘシ
第二十三條ノ二　府縣知事特別ノ事情アリト認ムルトキハ區劃ヲ定メテ開票區ヲ設クルコトヲ得
前項ノ規定ニ依リ開票區ヲ設クル場合ニ於テ必要ナル事項ハ命令ヲ以テ之ヲ定ム
第二十四條　第十六條ノ規定ハ選擧立會人ニ之ヲ準用ス
第二十五條　選擧長ハ總テノ投票函ノ送致ヲ受ケタル日ノ翌日選擧會ヲ開キ擧選立會人立會ノ上投票函ヲ開キ投票ノ總數ト投票人ノ總數トヲ計算スヘシ但シ場合ニ依リ投票函ノ送致ヲ受ケタル日選擧會ヲ開クコトヲ得
前項ノ計算終リタルトキハ選擧長ハ先ツ第十九條第二項及第四項ノ投票ヲ調査シ選擧立會人ノ意見ヲ聽キ其ノ受理如何ヲ決定スヘシ
選擧長ハ選擧立會人ト共ニ投票區毎ニ投票ヲ點檢スヘシ
天災事變等ノ爲選擧會ヲ開クコトヲ得サルトキハ選擧長ハ更ニ其ノ期日ヲ定ムヘシ

第二十六條　選擧人ハ其ノ選擧會ニ參觀ヲ求ムルコトヲ得
第二十六條ノ二　選擧會場ノ取締ニ依テハ第十七條第一項及第二項ノ規定ヲ準用ス
第二十七條　左ノ投票ハ之ヲ無効トス
一　成規ノ用紙ヲ用ヰサルモノ
二　議員候補者ニ非サル者ノ氏名ヲ記載シタルコト
三　一投票中二人以上ノ議員候補者ノ氏名ヲ記載シタルモノ
四　被選擧權ナキ議員候補者ノ氏名ヲ記載シタルモノ
五　議員候補者ノ氏名ノ外他事ヲ記載シタルモノ但シ爵位職業身分住所又ハ尊稱ノ類ヲ記入シタルモノハ此ノ限ニ在ラス
六　議員候補者ノ氏名ヲ自書セサルモノ
七　議員候補者ノ何人ヲ記載シタルカヲ確認シ難キモノ
八　府縣會議員ノ職ニ在ル者ノ氏名ヲ記載シタルモノ
前項第八號ノ規定ハ第八條第三十二條又ハ第三十六條ノ規定ニ依ル選擧ノ場合ニ限リ之ヲ適用ス
第二十八條　投票ノ効力ハ選擧立會人ノ意見ヲ聽キ選擧長之ヲ決定スヘシ
第二十九條　府縣會議員ノ選擧ハ有効投票ノ最多數ヲ得タル者ヲ以テ當選者トス但シ其ノ選擧區ノ配當議員數ヲ以テ有効投票ノ總數ヲ除シテ得タル數ノ五分ノ一以上ノ得票アルコトヲ要ス
當選者ヲ定ムルニ當リ得票ノ數同シキトキハ年長者ヲ取リ年齢同シキトキハ選擧長抽籤シテ之ヲ定ム
第二十九條ノ二　當選者選擧ノ期日後ニ於テ被選擧權ヲ有セサルニ至リタルトキハ當選ヲ失フ此ノ場合ニ於テハ第三十七條第二項ノ規定ヲ準用ス

第二十九條ノ三　第十三條ノ二第一項乃至第三項ノ規定ニ依ル屆出アリタル議員候補者其ノ選擧ニ於ケル議員ノ定數ヲ超エサルトキハ其ノ選擧區ニ於テハ投票ヲ行ハス

前項ノ規定ニ依リ投票ヲ行フコトヲ要セサルトキハ選擧長ハ直ニ其ノ旨ヲ投票管理者ニ通知シ併セテ之ヲ告示シ且府縣知事ニ報告スヘシ

投票管理者前項ノ通知ヲ受ケタルトキハ直ニ其ノ旨ヲ告示スヘシ

第一項ノ場合ニ於テハ選擧長ハ選擧ノ期日ヨリ五日以内ニ選擧會ヲ開キ議員候補者ヲ以テ當選者ト認ムヘシ

前項ノ場合ニ於テ議員候補者ノ被選擧權ノ有無ハ選擧立會人ノ意見ヲ聽キ選擧長之ヲ決定スヘシ

第三十條　選擧長ハ選擧錄ヲ作リ選擧會ニ關スル顚末ヲ記載シ之ヲ朗讀シ二人以上ノ選擧立會人ト共ニ署名スヘシ

選擧錄、投票錄、投票其ノ他ノ關係書類ハ選擧長（府縣知事ノ指定シタル官吏選擧長タル場合ニ於テハ府縣知事）ニ於テ府縣會議員選擧ニ用ヰタル選擧人名簿ハ市町村長ニ於テ議員ノ任期間之ヲ保存スヘシ

第三十一條　當選者定マリタルトキハ選擧長ハ直ニ當選者ニ當選ノ旨ヲ告知シ同時ニ當選者ノ住所氏名ヲ告示シ且選擧錄及投票錄ノ寫ヲ添ヘ之ヲ府縣知事ニ報告スヘシ當選者ナキトキハ直ニ其ノ旨ヲ告示シ且選擧錄投票錄ヲ添ヘ之ヲ府縣知事ニ報告スヘシ

當選者當選ノ告知ヲ受ケタルトキハ十日以内ニ其ノ當選ヲ承諾スルヤ否ヲ府縣知事ニ申立ツヘシ

一人ニシテ數選擧區ノ選擧ニ當リタルトキハ最終ニ當選ノ告知ヲ受ケタル日ヨリ十日以内ニ何レノ選擧ニ應スヘキカヲ府縣知事ニ申立ツヘシ

前二項ノ申立ヲ其ノ期限内ニ爲サヽルトキハ當選ヲ辭シタルモノト看做ス

第六條第六項ニ揭クル在職ノ官吏以外ノ官吏ニシテ當選シタル者ハ所屬長官ノ許可ヲ受クルニ非サレハ之ニ

應スルコトヲ得ス

前項ノ官吏ニシテ當選シタル者ニ關シテハ本條ニ定ムル期間ヲ二十日以内トス

府縣ニ對シ請負ヲ爲シ又ハ府縣ニ於テ費用ヲ負擔スル事業ニ付府縣知事若ハ其ノ委任ヲ受ケタル者ニ對シ請負ヲ爲ス者若ハ其ノ支配人又ハ主トシテ同一ノ行爲ヲ爲ス法人ノ無限責任社員、役員若ハ支配人タルコトナキニ至ルニ非サレハ當選ニ應スルコトヲ得ス

前項ノ役員トハ取締役、監査役及之ニ準スヘキ者並清算人ヲ謂フ

第三十一條ノ二　選擧長ハ前條第一項ノ報告ヲ爲シタルトキハ直ニ選擧人名簿ヲ町村長ニ返付スヘシ

第三十二條　當選者左ニ掲クル事由ノ一ニ該當スルトキハ三箇月以内ニ更ニ選擧ヲ行フヘシ但シ第二項ノ規定ニ依リ更ニ選擧ヲ行フコトナクシテ當選者ヲ定メ得ル場合ハ此ノ限ニ在ラス

一　當選ヲ辭シタルトキ

二　數選擧區ニ於テ選擧ニ當リタル場合ニ於テ第三十一條第二項ノ規定ニ依リ一ノ選擧區ノ選擧ニ應シタル爲他ノ選擧區ニ於テ當選者タラサルニ至リタルトキ

三　第二十九條ノ二ノ規定ニ依リ當選ヲ失ヒタルトキ

四　死亡者ナルトキ

五　選擧ニ關スル犯罪ニ依リ刑ニ處セラレ當選無効ト爲リタルトキ但シ同一人ニ關シ前各號ノ事由ニ依ル選擧又ハ補缺選擧ノ告示ヲ爲シタル場合ハ此ノ限ニ在ラス

六　第三十四條ノ二ノ規定ニ依ル訴訟ノ結果當選無効ト爲リタルトキ

前項ノ事由第三十一條第二項、第三項若ハ第六項ノ規定ニ依ル期限前ニ生シタル場合ニ於テ第二十九條第一項但書ノ得票者ニシテ當選者ト爲ラサリシ者アルトキ又ハ其ノ期限後ニ生シタル場合ニ於テ第二十九條第二

項ノ規定ノ適用ヲ受ケタル得票者ニシテ當選者ト爲ラサリシ者アルトキハ直ニ選擧會ヲ開キ其ノ者ノ中ニ就キ當選者ヲ定ムヘシ

前項ノ場合ニ於テ第二十九條第一項但書ノ得票者ニシテ當選者ト爲ラサリシ者選擧ノ期日後ニ於テ被選擧權ヲ有セサルニ至リタルトキハ之ヲ當選者ト定ムルコトヲ得ス此ノ場合ニ於テハ第三十七條第二項ノ規定ヲ準用ス

第一項ノ期間ハ第三十四條第七項ノ規定ノ適用アル場合ニ於テハ選擧ヲ行フコトヲ得サル事由已ミタル日ノ翌日ヨリ起算ス

第一項ノ事由議員ノ任期滿了前六ケ月以内ニ生シタルトキハ第一項ノ選擧ハ之ヲ行ハス但シ議員ノ數其ノ定員ノ三分ノ二ニ滿チサルニ至リタルトキハ此ノ限ニ在ラス

第三十三條　當選者其ノ當選ヲ承諾シタルトキハ府縣知事ハ直ニ當選證書ヲ付與シ乃其ノ住所氏名ヲ告示スヘシ

當選者ナキニ至リタルトキ又ハ當選者ノ選擧ニ於ケル議員ノ定數ニ達セサルニ至リタルトキハ府縣知事ハ直ニ其ノ旨ヲ告示スヘシ

第三十四條　選擧人又ハ議員候補者選擧又ハ當選ノ效力ニ關シ異議アルトキハ選擧ニ關シテハ第三十一條第一項又ハ前條第二項ノ告示ノ日ヨリ十四日以内ニ之ヲ府縣知事ニ申立ツルコトヲ得

前項ノ異議申立アリタルトキハ府縣知事ハ七日以内ニ之ヲ府縣參事會ノ決定ニ付スヘシ

府縣知事選擧又ハ當選ノ效力ニ關シ異議アルトキハ第一項申立ノ有無ニ拘ラス第三十一條第一項ノ報告ヲ受ケタル日ヨリ三十日以内ニ府縣參事會ノ決定ニ付スルコトヲ得

前二項ノ場合ニ於テハ府縣參事會ハ其ノ送付ヲ受ケタル日ヨリ十四日以内ニ之ヲ決定スヘシ

本條府縣參事會ノ決定ニ不服アル者ハ行政裁判所ニ出訴スルコトヲ得

前項ノ決定ニ關シテハ府縣知事選擧長ヨリモ亦訴訟ヲ提起スルコトヲ得

第八條、第三十二條又ハ第三十六條第一項若ハ第三項ノ選擧ハ之ニ關係アル選擧又ハ當選ニ關スル異議申立期間、異議ノ決定確定セサル間又ハ訴訟ノ繫屬スル間之ヲ行フコトヲ得ス

府縣會議員ハ選擧又ハ當選ニ關スル決定確定シ又ハ判決アルマテハ會議ニ參與スルノ權ヲ失ハス

第三十四條ノ二　衆議院議員選擧法第百十條ノ規定ノ準用ニ依リ當選ヲ無效ナリト認ムルトキハ選擧人又ハ議員候補者ハ當選者ヲ被告トシ第三十一條第一項告示ノ日ヨリ三十日以内ニ控訴院ニ出訴スルコトヲ得

衆議院議員選擧法第百三十六條ノ規定ノ準用ニ依リ選擧事務長カ同法第百十二條又ハ第百十三條ノ規定ノ準用ニ依ル罪ヲ犯シ刑ニ處セラレタルニ因リ當選ヲ無效ナリト認ムルトキハ選擧人又ハ議員候補者ハ當選者ヲ被告トシ其ノ裁判確定ノ日ヨリ三十日以内ニ控訴院ニ出訴スルコトヲ得

前二項控訴院ノ判決ニ不服アル者ハ大審院ニ上告スルコトヲ得

衆議院議員選擧法第八十五條、第八十七條及第百四十一條ノ規定ハ前三項ノ規定ニ依ル訴訟ニ之ヲ準用ス

第三十五條　選擧ノ規定ニ違反スルコトアルトキハ選擧ノ結果ニ異同ヲ生スルノ虞アル場合ニ限リ其ノ選擧ノ全部又ハ一部ヲ無效トス但シ當選ニ異動ヲ生スルノ虞ナキ者ヲ區分シ得ルトキハ其ノ者ニ限リ當選ヲ失フコトナシ

第三十六條　選擧無效ト確定シタルトキハ二箇月以内ニ更ニ選擧ヲ行フヘシ

當選無效ト確定シタルトキハ直ニ選擧會ヲ開キ更ニ當選者ヲ定ムヘシ此ノ場合ニ於テハ第三十二條第三項ノ規定ヲ準用ス

當選者ナキトキ、當選者ナキニ至リタルトキハ又ハ當選者其ノ選擧ニ於ケル議員ノ定數ニ達セサルトキ若ハ

定數ニ達セサルニ至リタルトキハ三ケ月以内ニ更ニ選擧ヲ行フヘシ

第三十二條第四項第五項ノ規定ハ第一項及前項ノ選擧ニ之ヲ準用ス

第三十七條　府縣會議員被選擧權ヲ有セサル者ナルトキ又ハ第三十一條第七項ニ揭クル者ナルトキハ其ノ職ヲ失フ其ノ被選擧權ノ有無又ハ第三十一條第七項ニ揭クル者ニ該當スルヤ否ハ府縣會議員カ左ノ各號ノ一ニ該當スルヤニ因リ被選擧權ヲ有セサル場合ヲ除クノ外府縣參事會其ノ異議ヲ決定ス

一　禁治産者又ハ準禁治産者ト爲リタルトキ

二　破産者ト爲リタルトキ

三　禁錮以上ノ刑ニ處セラレタルトキ

四　選擧ニ關スル犯罪ニ依リ罰金ニ處セラレタルトキ

府縣會議員ハ住所ヲ移シタル爲被選擧權ヲ失フコトアルモ其ノ住所同府縣内ニ在ルトキハ之カ爲其ノ職ヲ失フコトナシ但シ同府縣内ニ於テ住所ヲ移シタル後被選擧權ヲ失フヘキ其ノ他ノ事由ニ該當スルニ至リタルトキハ此ノ限ニ在ラス

府縣會ニ於テ其ノ議員中被選擧權ヲ有セサル者又ハ第三十一條第七項ニ揭クル者アリト認ムルトキハ之ヲ府縣知事ニ通知スヘシ但シ議員ハ自己ノ資格ニ關スル會議ニ於テ辯明スルコトヲ得ルモ其ノ議決ニ加ハルコトヲ得ス

府縣知事ハ前項ノ通知ヲ受ケタルトキハ七日以内ニ之ヲ府縣參事會ノ決定ニ付スヘシ府縣知事ニ於テ被選擧權ヲ有セサル者又ハ第三十一條第七項ニ揭クル者アリト認ムルトキ亦同シ

第三十四條第四項ノ規定ハ前項ノ場合ニ之ヲ準用ス

本條府縣參事會ノ決定ニ不服アル者ハ行政裁判所ニ出訴スルコトヲ得

前項ノ決定ニ關シテハ府縣知事ヨリモ亦訴訟ヲ提起スルコトヲ得
府縣會議員ハ其ノ被選擧權ヲ有セストスル決定確定シ又ハ判決アルマテハ會議ニ參與スル權ヲ失ハス
第三十八條　本欵ニ規定スル異議ノ決定及訴願ノ裁決ハ其ノ決定書若ハ裁決書ヲ交付シタルトキ直ニ之ヲ告示スヘシ
第三十九條　府縣會議員ノ選擧ニ付テハ衆議院議員選擧法第十章及第十一章竝第百四十條第二項及第百四十二條ノ規定ヲ準用ス但シ議員候補者一人ニ付定ムヘキ選擧事務所ノ數、選擧委員及選擧事務員ノ數竝選擧運動ノ費用ノ額ニ關シテハ勅令ノ定ムル所ニ依ル
第四十條　府縣會議員ノ選擧ニ付テハ衆議院議員選擧ニ關スル罰則ヲ準用ス

昭和貳年八月八日印刷
昭和貳年八月十日發行

（定價六十錢）

福岡市荒戸町電車通リ三十四番地
編輯兼發行人　石橋孫治郎

福岡市極樂寺町六番地
印刷所　九州印刷株式會社

印刷人　赤松顯三

地方自治法研究復刊大系〔第268巻〕

普通選挙と府県会議員〔昭和2年初版〕

日本立法資料全集 別巻 1078

2019(令和元)年5月25日　復刻版第1刷発行　7678-7:012-010-005

編　輯　石　橋　孫　治　郎
発行者　今　井　　貴
　　　　稲　葉　文　子
発行所　株式会社信山社

〒113-0033 東京都文京区本郷6-2-9-102東大正門前
Ⓣ03(3818)1019　Ⓕ03(3818)0344
来栖支店〒309-1625 茨城県笠間市来栖2345-1
Ⓣ0296-71-0215　Ⓕ0296-72-5410
笠間才木支店〒309-1611 笠間市笠間515-3
Ⓣ0296-71-9081　Ⓕ0296-71-9082

印刷所　ワ イ ズ 書 籍
製本所　カ ナ メ ブ ッ ク ス
用　紙　七　洋　紙　業

printed in Japan　分類 323.934 g 1078

ISBN978-4-7972-7678-7 C3332 ¥20000E

日本立法資料全集 別巻

地方自治法研究復刊大系

改正 市町村制問答説明 明治44年初版〔明治44年4月発行〕／一木千太郎 編纂
改正 市制町村制〔明治44年4月発行〕／田山宗堯 編輯
旧制対照 改正市町村制　附 改正理由〔明治44年5月発行〕／博文館編輯局 編
改正 市制町村制〔明治44年5月発行〕／石田忠兵衛 編輯
改正 市制町村制詳解〔明治44年5月発行〕／坪谷善四郎 著
改正 市制町村制註釈〔明治44年5月発行〕／中村文城 註釈
改正 市制町村制正解〔明治44年6月発行〕／武知彌三郎 著
改正 市町村制講義〔明治44年6月発行〕／法典研究会 著
新旧対照 改正 市制町村制新釈 明治44年初版〔明治44年6月発行〕／佐藤貞雄 編纂
改正 町村制詳解〔明治44年8月発行〕／長峰安三郎 三浦通太 野田千太郎 著
新旧対照 市制町村制正文〔明治44年8月発行〕自治館編輯局 編纂
地方革新講話〔明治44年9月発行〕西内天行 著
改正 市制町村制釈義〔明治44年9月発行〕／中川健藏 宮内國太郎 他 著
改正 市制町村制正解 附 施行諸規則〔明治44年10月発行〕／福井淳 著
改正 市制町村制講義 附 施行諸規則 及 市町村事務摘要〔明治44年10月発行〕／樋山廣業 著
新旧比照 改正市制町村制註釈　附 改正北海道二級町村制〔明治44年11月発行〕／植田鹽惠 著
改正 市町村制 並 附属法規〔明治44年11月発行〕／楠綾雄 編輯
改正 市制町村制精義 全〔明治44年12月発行〕／平田東助 題字　梶康郎 著述
改正 市制町村制義解〔明治45年1月発行〕／行政法研究会 講述　藤田謙堂 監修
増訂 地方制度之栞 第13版〔明治45年2月発行〕／警眼社編集部 編纂
地方自治 及 振興策〔明治45年3月発行〕／床次竹二郎 著
改正 市制町村制正解 附 施行諸規則 第7版〔明治45年3月発行〕福井淳 著
改正 市制町村制講義 全 第4版〔明治45年3月発行〕秋野沆 著
増訂 農村自治之研究 大正2年第5版〔大正2年6月発行〕／山崎延吉 著
自治之開発訓練〔大正元年6月発行〕／井上友一 著
市制町村制逐條示解〔初版〕第一分冊〔大正元年9月発行〕／五十嵐鑛三郎 他 著
市制町村制逐條示解〔初版〕第二分冊〔大正元年9月発行〕／五十嵐鑛三郎 他 著
改正 市町村制問答説明　附 施行細則 訂正増補3版〔大正元年12月発行〕／平井千太郎 編纂
改正 市制町村制註釈　附 施行諸規則〔大正2年3月発行〕／中村文城 註釈
改正 市町村制正文 附 施行法〔大正2年5月発行〕／林甲子太郎 編輯
増訂 地方制度之栞 第18版〔大正2年6月発行〕／警眼社 編集 編纂
改正 市制町村制詳解 附 関係法規 第13版〔大正2年7月発行〕／坪谷善四郎 著
改正 市制町村制 第5版〔大正2年7月発行〕／修学堂 編
細密調査 市町村便覧　附 分類官公衙公私学校銀行所在地一覧表〔大正2年10月発行〕／白山榮一郎 監修 森田公美 編著
改正 市制 及 町村制 訂正10版〔大正3年7月発行〕／山野金蔵 編輯
市制町村制正義〔第3版〕第一分冊〔大正3年10月発行〕／清水澄 末松偕一郎 他 著
市制町村制正義〔第3版〕第二分冊〔大正3年10月発行〕／清水澄 末松偕一郎 他 著
改正 市制町村制 及 附属法令〔大正3年11月発行〕／市町村雑誌社 編著
以呂波引 町村便覧〔大正4年2月発行〕／田山宗堯 編輯
改正 市制町村制講義 第10版〔大正5年6月発行〕／秋野沆 著
市制町村制実例大全〔第3版〕第一分冊〔大正5年9月発行〕／五十嵐鑛三郎 著
市制町村制実例大全〔第3版〕第二分冊〔大正5年9月発行〕／五十嵐鑛三郎 著
市町村名辞典〔大正5年10月発行〕／杉野耕三郎 編
市町村吏員提要 第3版〔大正6年12月発行〕／田邊好一 著
改正 市制町村制と衆議院議員選挙法〔大正6年2月発行〕／服部喜太郎 編輯
新旧対照 改正 市制町村制新釈 附 施行細則 及 執務條規〔大正6年5月発行〕／佐藤貞雄 編纂
増訂 地方制度之栞 大正6年第44版〔大正6年5月発行〕／警眼社編輯部 編纂
実地応用 町村制問答 第2版〔大正6年7月発行〕／市町村雑誌社 編纂
帝国市町村便覧〔大正6年9月発行〕／大西林五郎 編
地方自治講話〔大正7年12月発行〕／田中四郎左右衛門 編輯
最近検定 市町村名鑑　附 官国幣社及諸学校所在地一覧〔大正7年12月発行〕／藤澤衛彦 著
農村自治之研究 明治41年再版〔明治41年10月発行〕／山崎延吉 著
市制町村制講義〔大正8年1月発行〕／樋山廣業 著
改正 町村制詳解 第13版〔大正8年6月発行〕／長峰安三郎 三浦通太 野田千太郎 著
改正 市町村制註釈〔大正10年6月発行〕／田村浩 編集
大改正 市制 及 町村制 〔大正10年6月発行〕／一書堂書店 編
市制町村制 並 附属法 訂正再版〔大正10年8月発行〕／自治館編集局 編纂
改正 市町村制詳解〔大正10年11月発行〕／相馬昌三 菊池武夫 著
増補訂正 町村制詳解 第15版〔大正10年11月発行〕／長峰安三郎 三浦通太 野田千太郎 著
地方施設改良 訓諭演説集 第6版〔大正10年11月発行〕／鹽川玉江 編輯
戸数割規則正義 大正11年増補四版〔大正11年4月発行〕／田中廣太郎 著 近藤行太郎 著
東京市会先例彙輯〔大正11年6月発行〕／八田五三 編纂
市町村国税事務取扱手続〔大正11年8月発行〕／広島財務研究会 編纂
自治行政資料 斗米遺粒〔大正12年6月発行〕／樫田三郎 著
市町村大字読方名彙 大正12年度版〔大正12年6月発行〕／小川琢治 著
地方自治制要義 全〔大正12年7月発行〕／末松偕一郎 著
北海道市町村財政便覧 大正12年初版〔大正12年8月発行〕／川西輝昌 編纂

信山社

日本立法資料全集 別巻

地方自治法研究復刊大系

国税 地方税 市町村税 滞納処分法問答〔明治23年5月発行〕／竹尾高堅 著
日本之法律 府県制郡制正解〔明治23年5月発行〕／宮川大壽 編輯
府県制郡制註釈〔明治23年6月発行〕／田島彦四郎 註釈
日本法典全書 第一編 府県制郡制註釈〔明治23年6月発行〕／坪谷善四郎 著
府県制郡制義解 全〔明治23年6月発行〕／北野竹次郎 編著
市町村役場実用 完〔明治23年7月発行〕／福井淳 編纂
市町村制実務要書 上巻 再版〔明治24年1月発行〕／田中知邦 編纂
市町村制実務要書 下巻 再版〔明治24年3月発行〕／田中知邦 編纂
米国地方制度 全〔明治32年9月発行〕／板垣退助 序 根本正 纂訳
公民必携 市町村制実用 全 増補第3版〔明治25年3月発行〕／進藤彬 著
訂正増補 議制全書 第3版〔明治25年4月発行〕／岩藤良太 編纂
市町村制実務要書続編 全〔明治25年5月発行〕／田中知邦 著
地方學事法規〔明治25年5月発行〕／鶴鳴社 編
増補 町村制執務備考 全〔明治25年10月発行〕／増澤鐵 國吉拓郎 同輯
町村制執務要録 全〔明治25年12月発行〕／鷹巣清二郎 編輯
府県制郡制便覧 明治27年初版〔明治27年3月発行〕／須田健吉 編輯
郡市町村吏員 収税実務要書〔明治27年11月発行〕／荻野千之助 編纂
改訂増補鼇頭参照 市町村制講義 第9版〔明治28年5月発行〕／蟻川堅治 講述
改正増補 市町村制実務要書 上巻〔明治29年4月発行〕／田中知邦 編纂
市町村制詳解 附 理由書 改正再版〔明治29年5月発行〕／島村文耕 校閲 福井淳 著述
改正増補 市町村制実務要書 下巻〔明治29年7月発行〕／田中知邦 編纂
府県制 郡制 町村制 新税法 公民之友 完〔明治29年8月発行〕／内田安蔵 五十野譲 著述
市制町村制註釈 附 市制町村制理由 第14版〔明治29年11月発行〕／坪谷善四郎 著
府県制郡制註釈〔明治30年9月発行〕／岸本辰雄 校閲 林信重 註釈
市町村新旧対照一覧〔明治30年9月発行〕／中村芳松 編輯
町村至宝〔明治30年9月発行〕／品川彌二郎 題字 元田肇 序文 桂虎次郎 編纂
市制町村制應用大全 完〔明治31年4月発行〕／島田三郎 序 大西多典 編纂
傍訓註釈 市制町村制 並ニ 理由書〔明治31年12月発行〕／筒井時治 著
改正 府県郡制問答講義〔明治32年4月発行〕／木内英雄 編纂
改正 府県制郡制正文〔明治32年4月発行〕／大塚宇三郎 編纂
府県制郡制〔明治32年4月発行〕／徳田文雄 編輯
郡制府県制 完〔明治32年5月発行〕／魚住嘉三郎 編輯
参照比較 市町村制註釈 附 問答理由 第10版〔明治32年6月発行〕／山中兵吉 著述
改正 府県制郡制註釈 第2版〔明治32年6月発行〕／福井淳 著
府県制郡制釈義 全 第3版〔明治32年7月発行〕／栗本勇之助 森惣之祐 同著
改正 府県制郡制註釈 第3版〔明治32年8月発行〕／福井淳 著
地方制度通 全〔明治32年9月発行〕／上山満之進 著
市町村新旧対照一覧 訂正第五版〔明治32年9月発行〕／中村芳松 編輯
改正 府県制郡制 並 関係法規〔明治32年9月発行〕／鷲見金三郎 編纂
改正 府県制郡制釈義 再版〔明治32年11月発行〕／坪谷善四郎 著
改正 府県制郡制釈義 第3版〔明治34年2月発行〕／坪谷善四郎 著
再版 市町村制例規〔明治34年11月発行〕／野元友三郎 編纂
地方制度実例総覧〔明治34年12月発行〕／南浦西郷侯爵 題字 自治館編集局 編纂
傍訓 市制町村制註釈〔明治35年3月発行〕／福井淳 著
地方自治提要 全〔明治35年5月発行〕／木村時義 校閲 吉武則久 編纂
市制町村制釈義〔明治35年6月発行〕／坪谷善四郎 著
帝国議会 府県会 郡会 市町村会 議員必携 附 関係法規 第一分冊〔明治36年5月発行〕／小原新三 口述
帝国議会 府県会 郡会 市町村会 議員必携 附 関係法規 第二分冊〔明治36年5月発行〕／小原新三 口述
地方制度実例総覧〔明治36年8月発行〕／芳川顯正 題字 山脇玄 序文 金田謙 著
市町村是〔明治36年11月発行〕／野田千太郎 編纂
市制町村制釈義 明治37年第4版〔明治37年6月発行〕／坪谷善四郎 著
府県郡市町村 模範治績 附 耕地整理法 産業組合法 附属法例〔明治39年2月発行〕／荻野千之助 編輯
自治之模範〔明治39年6月発行〕／江木翼 編
改正 市制町村制〔明治40年6月発行〕／辻本末吉 編輯
実用 北海道郡区町村案内 全 附 里程表 第7版〔明治40年9月発行〕／廣瀬清澄 著述
自治行政例規 全〔明治40年10月発行〕／市町村雑誌社 編著
改正 府県制郡制要義 第4版〔明治40年12月発行〕／美濃部達吉 著
判例挿入 自治法規全集 全〔明治41年6月発行〕／池田繁太郎 著
市町村執務要覧 全 第一分冊〔明治42年6月発行〕／大成会編輯局 編輯
市町村執務要覧 全 第二分冊〔明治42年6月発行〕／大成会編輯局 編輯比較研究
自治要義 明治43年再版〔明治43年3月発行〕／井上友一 著
自治之精髄〔明治43年4月発行〕／水野錬太郎 著
市制町村制講義 全〔明治43年6月発行〕／秋野沆 著
改正 市制町村制講義 第4版〔明治43年6月発行〕／土清水幸一 著
地方自治の手引〔明治44年3月発行〕／前田宇治郎 著
新旧対照 市制町村制 及 理由 第9版〔明治44年4月発行〕／荒川五郎 著
改正 市制町村制 附 改正要義〔明治44年4月発行〕／田山宗堯 編輯